지식인마을27
케인즈 & 하이에크

시장경제를 위한
진실게임

지식인마을 27 시장경제를 위한 진실게임
케인즈 & 하이에크

저자_ 박종현
1판 1쇄 발행_ 2008. 8. 27.
1판 13쇄 발행_ 2022. 10. 1.

발행처_ 김영사
발행인_ 고세규

등록번호_ 제406-2003-036호
등록일자_ 1979. 5. 17.

경기도 파주시 문발로 197(문발동) 우편번호 10881
마케팅부 031)955-3100, 편집부 031)955-3200, 팩스 031)955-3111

저작권자 ⓒ 2008 박종현
이 책의 저작권은 저자에게 있습니다. 서면에 의한 저자와 출판사의
허락 없이 내용의 일부를 인용하거나 발췌하는 것을 금합니다.

Copyright ⓒ 2008 Park Jonghyun
All rights reserved including the rights of reproduction in whole
or in part in any form. Printed in KOREA.

값은 뒤표지에 있습니다.
ISBN 978-89-349-2596-5 04320
     978-89-349-2136-3 (세트)

홈페이지_ www.gimmyoung.com   블로그_ blog.naver.com/gybook
인스타그램_ instagram.com/gimmyoung   이메일_ bestbook@gimmyoung.com

좋은 독자가 좋은 책을 만듭니다.
김영사는 독자 여러분의 의견에 항상 귀 기울이고 있습니다.

지식인마을 27

케인즈 & 하이에크
John Maynard Keynes & Friedrich August von Hayek

시장경제를 위한
진실게임

박종현 지음

김영사

Prologue1 지식여행을 떠나며
낯선 경제학 마을로 떠나는 짧은 여행

아무짝에도 쓸모없어 보이는 소설을 읽는 게 내 취미다. 어쩌면 그럴 시간에 아내와 함께 동네 앞산에 오르거나 아이들에게 남도의 바람과 꽃과 수많은 길을 실컷 보여주는 게 옳은 일인지도 모르겠다. 소설을 읽는다고 밥이나 돈이 나오는 것도 아니고, 며칠만 지나면 제목조차 기억하지 못하는 경우가 흔하기 때문이다.

하지만 동굴 속에서 한 줄기 빛을 발견할 때와 같은 기분을 맛볼 경우도 종종 있다. 가령 어슐러 르귄이 쓴『어둠의 왼손』이나『빼앗긴 자들』같은 책을 우연히 만나게 된 순간, 그 눈부심의 기억은 쉽게 지워지지 않는다.

이 두 소설은 모두 가상의 외계행성에서 현재의 인류와는 전혀 다른 방식으로 살아가는 사람들의 모습을 그리고 있다.『어둠의 왼손』에서는 그들 나름의 문제를 안고 있되, 남성과 여성을 자유롭게 오가며 남성성과 여성성의 이분법에서 벗어나 있는 '게센인'을 만나게 된다. 한편『빼앗긴 자들』에는 물질적 풍요와 빈부격차가 공존하는 '우라스'와, 만인이 평등하지만 관료주의의 문제점을 안고 있는 '아나레스', 그리고 두 쌍둥이 행성을 오가며 새로운 사회를 꿈꾸는 물리학자 '쉐벡'이 등장한다. 요컨대 르귄은 결코 존재하지도 않고 일어나지도 않을 인물과 장소, 사건을 만들어내고, 거기에 섬세한 감정을 불어넣어 이야기를 숨쉬게 한다.

그의 소설을 읽으면서 나는, 사실을 다루는 경제학자보다 허구를 그리는 소설가가 세상에 훨씬 더 많은 기여를 하는 게 아닐까라는 생

각을 오래오래 해보았다. 현실을 대상으로 하는 경제학자의 논문은 논리적 엄밀성이라는 미명 아래 정작 중요한 우리 삶의 숨결에는 귀 기울이지 못하는 경우가 많다. 반면 뛰어난 소설가는 허구의 세계 안에 감추어진 삶의 진실을 담아낸다. 그리고 자기 삶을 되돌아볼 수 있도록 독자들을 다독이면서 때로는 바람직한 세상을 꿈꾸게 한다. 아름다운 문장 안에서 삶의 비밀스러운 문이 열리고 닫히는 것을 퀭한 눈으로 바라보고 있을 때, 나는 아주 행복하면서도 또한 아주 불행하다는 생각에서 벗어날 수 없다.

오늘날의 경제학에는 당위에 대한 탐구가 차지할 자리는 존재하지 않는다. 마땅히 있어야 할 세계를 목소리 높여 주장하는 것은 과학의 걸림돌로 치부되며, 특정한 가치관에 치우치지 않고 있는 그대로의 세계를 정확하게 설명하는 것이야말로 경제학의 존재 이유라는 믿음이 굳건하게 자리를 잡고 있다. 경제학이란 사람들의 선택이 어떻게 이루어지며 이들이 어떠한 원리에 따라 행동하는지를 수학이나 통계학 등의 도움을 받아 밝혀내는 학문이라는 게 오늘날의 통념이다.

하지만 이것이 경제학의 본래 모습은 결코 아니다. 경제학이 '도덕과학'이었던 시절이 있었다. 오늘날의 경제학이 선호라는 이름 아래 특정 개인들의 우선순위에 관심을 갖는다면, 도덕과학으로서의 경제학은 집단이나 사회에 적용될 대안들 사이에서 우선순위를 결정하는 데 관심을 가졌다. '선호'가 개인적 취향의 문제라면, '도덕'이란 집단이나 사회의 가치판단을 반영한 공동의 가치와 관련된다. 오늘날의 경제학자들이 수요와 공급을 일치시킬 균형가격의 계산에 몰두하고 있다면, 과거의 경제학자들은 공정한 가격이 무엇인가를 놓고 고민을 했다. 요컨대 도덕과학은 가치판단의 문제에 정면으로 맞서 공정하고 효율적이며 바람직한 경제가 무엇인가를 알고자 했던 것이다.

과거의 경제학자들은 그 분석이 가치판단과 자기반성 위에 서 있다는 점에서 자연과학이나 수학과는 전혀 다른 '도덕' 과학을 추구했다. 도덕의 중요성이 강조되었다고 해서 분석이나 모델이 불필요하다고 오해해서는 곤란하다. 도덕과학에서는 '도덕' 못지않게 '과학' 도 중요하기 때문이다. 예전의 위대한 경제학자들은 모델을 통해 한 사회의 물질적 진보를 이끌 방법론을 사유함으로써 신학이나 철학이 아닌 '과학' 을 지향했다. 우리가 살펴보려는 케인즈와 하이에크도 자신의 정체성을 도덕과학자로 여겼던 마지막 세대의 경제학자였다. 이들은 도덕과학자로서 인류의 삶에 매달린 시장의 무게와 그 의미를 평생 동안 되새기는 가운데 자신의 생각을 현실에 적용하려던 대표적인 지식인이었다.

독자들은 이 책을 통해 케인즈와 하이에크가 시장에 대해 어떤 발언을 했으며, 그 발언의 논리적·현실적 근거는 무엇이었는지를 살펴보게 될 것이다. 이 과정에서 이들이 시대와 사회를 어떻게 이해했으며, 현실 세계를 바람직한 것으로 만들기 위해 무엇을 강조했는가를 확인할 수 있다면 좋겠다. 이들은 당대의 주류적 견해로부터 고립되는 것을 두려워하지 않으면서 혼신의 힘을 다하여 옳다고 믿는 바에 대해 끊임없이 이야기했다.

　케인즈와 하이에크가 세상을 상대로 펼친 지적 작업을 소개하는 이 책이 한 편의 소설처럼 읽히기를 바란다. 좋은 소설이 그러하듯이, 이 책 또한 독자들 스스로의 생각과 언어로 자신이 살아갈 시장과 사회의 구체적인 모습을 선택하고 실현하는 데 조금이나마 도움이 되기를 기대해본다.

　이 책을 쓰기까지 일일이 그 이름을 들기가 어려울 정도로 많은 분들의 도움을 받았다. 그 모든 분들께 감사의 말씀을 드린다.

2008년 8월
경상국립대학교 경제학부 교수

박종현

Prologue2 이 책을 읽기 전에

〈지식인마을〉시리즈는…

　〈지식인마을〉은 인문·사회·과학 분야에서 뛰어난 업적을 남긴 동서양대표 지식인 100인의 사상을 독창적으로 엮은 통합적 지식교양서이다. 100명의 지식인이 한 마을에 살고 있다는 가정하에 동서고금을 가로지르는 지식인들의 대립·계승·영향 관계를 일목요연하게 볼 수 있도록 구성했으며, 분야별·시대별로 4개의 거리(street)를 구성하여 해당 분야에 대한 지식의 지평을 넓히는 데 도움이 되도록 했다.

〈지식인마을〉의 거리

플라톤가　플라톤, 공자, 뒤르켐, 프로이트같이 모든 지식의 뿌리가 되는 대사상가들의 거리이다.

다윈가　고대 자연철학자들과 근대 생물학자들의 거리로, 모든 과학 사상이 시작된 곳이다.

촘스키가　촘스키, 베냐민, 하이데거, 푸코 등 현대사회를 살아가는 인간에 대한 새로운 시각을 제시한 지식인의 거리이다.

아인슈타인가　아인슈타인, 에디슨, 쿤, 포퍼 등 21세기를 과학의 세대로 만든 이들의 거리이다.

이 책의 구성은

　〈지식인마을〉시리즈의 각 권은 인류 지성사를 이끌었던 위대한 질문을 중심으로 서로 대립하거나 영향을 미친 두 명의 지식인이 주인

공으로 등장한다. 그리고 다음과 같은 구성 아래 그들의 치열한 논쟁을 폭넓고 깊이 있게 다룸으로써 더 많은 지식의 네트워크를 보여주고 있다.

초대 각 권마다 등장하는 두 명이 주인공이 보내는 초대장. 두 지식인의 사상적 배경과 책의 핵심 논제가 제시된다.

만남 독자들을 더욱 깊은 지식의 세계로 이끌고 갈 만남의 장. 두 주인공의 사상과 업적이 어떻게 이루어졌으며, 그들이 진정 하고 싶었던 말은 무엇이었는지 알아본다.

대화 시공을 초월한 지식인들의 가상대화. 사마천과 노자, 장자가 직접 인터뷰를 하고 부르디외와 함께 시위 현장에 나가기도 하면서, 치열한 고민의 과정을 직접 들어본다.

이슈 과거지식인의 문제의식은 곧 현재의 이슈. 과거의 지식이 현재의 문제를 해결하는 데 어떻게 적용될 수 있는지 살펴본다.

이 시리즈에서 저자들이 펼쳐놓은 지식의 지형도는 대략적일 뿐이다. 〈지식인마을〉에서 위대한 지식인들을 만나, 그들과 대화하고, 오늘의 이슈에 대해 토론하며 새로운 지식의 지형도를 그려나가기를 바란다.

지식인마을 책임기획 장대익
서울대학교 자유전공학부 교수

Contents 이 책의 내용

Prologue1 지식여행을 떠나며 · 4
Prologue2 이책을 읽기 전에 · 8

Chapter 1 초대

시장경제를 위한 진실게임 · 14
"이 바보들아, 문제는 경제야" | 시장에 대한 동상이몽 |
죽은 경제학자들의 살아있는 생각

Chapter 2 만남

1. 사회주의와 맞서다 · 26
   마르크스의 어두운 예언과 페이비언 사회주의: 자본주의의 명암 |
   사도회와 블룸즈버리 그룹: 케인즈주의가 싹트다 |
   사회주의에 대한 케인즈의 비판 | 하이에크 사상의 출발점: 가이스트크라이스 |
   미제스를 딛고 사회주의의 중심으로 | 사회주의와의 싸움에 바친 일생

2. 케인즈, 대공황으로부터 자본주의를 구출하다 · 49
   자본주의의 모순이 폭발하다: 대공황 | 과잉생산 vs. 세이의 법칙: 공황에 대한 논쟁 |
   대공황은 자연이 준 선물이다 | 공황의 원인을 다시 진단하다: 유동성 선호 |
   구성의 모순과 케인즈의 해법: 제3의 경제주체

3. 하이에크, 시장을 옹호하다 · 70
   애덤 스미스와 '보이지 않는 손' | 사회주의 계산 논쟁과 '자생적 질서' |
   가격 시스템, 시장경제의 정보 전달 수단 |
   경제활동은 카탈락시 게임이다: 경쟁의 정의justice of competition |
   슘페터의 '창조적 파괴'

4. 케인즈, 시장의 문제점을 지적하다 · 89
   시장의 옹호자들에게 묻다 | 개인의 '경제적' 자유는 신성불가침인가? |
   시장의 참여자들은 정말로 평등한가? | 시장은 자유를 확대하는가? |
   가격 기구는 지식과 정보를 늘리는가? | 가격 기구의 신축성이 반드시 바람직한가? |
   시장은 자생적 질서의 산물인가?

5. 『노예의 길』 논쟁 · 108
   계획은 노예의 길로 이어진다 | 케인즈, 중도의 길을 선택하다 |
   유토피아를 추구한 마지막 경제학자 | 법의 지배

6. 자유방임경제에서 혼합경제로 · 127
   케인즈의 시대가 도래하다: 새자유주의와 투자의 사회화
   소외된 하이에크가 찾은 해답
   "자유의 적은 인간의 정신 속에 있다": 하이에크의 영광과 초조
   이데올로그로서의 하이에크 | 하이에크의 날카로운 통찰 | 두 얼굴의 하이에크?

7. 케인즈주의의 위기와 신자유주의의 출현 · 149
   케인즈주의의 한계가 드러나다: 스태그플레이션 |
   '철의 여인', 하이에크의 처방전을 선택하다 | 새로운 시대정신이 출현하다: 신자유주의
   수요보다 공급이 중요하다: 복지국가 축소론 | 세율 인하론과 균형 재정론
   작은 정부론, 사회안전망의 약화를 부르다

8. 끝나지 않은 대결 · 168
   대결이 시작되다: 화폐이론 논쟁 |
   하이에크가 『일반 이론』과의 정면 대결을 피한 이유 |
   다르지만 같은 그들: 여우와 고슴도치 | 끝나지 않은 대결
   케인즈와 하이에크를 결합한 사람들

 대화

일본의 장기 불황, 원인부터 해법까지 · 192

Chapter 4 이슈

- 케인즈가 한미 FTA를 반대하는 이유 · 214
- 인류는 인플레이션에서 완전히 해방되었는가? · 223
- 우리 사회의 '작은 정부'론을 다시 생각한다 · 234

Epilogue 1 지식인 지도 · 244   2 지식인 연보 · 246
   3 키워드 찾기 · 248   4 깊이 읽기 · 253
   5 찾아보기 · 255

그리하여 우리가 그 책을 다 읽었을 때

그 책이 훌륭한 책이라면

그 책을 읽기 전에 견주어 자신이 약간 달라졌다는 것을,

이전에 전혀 다녀본 적이 없는 낯선 거리를 지나가다가

문득 새로운 얼굴들을 만난 것처럼

우리 자신이 변한 것을 발견하게 될지도 모른다.

어슐러 르귄 『어둠의 왼손』

John M. Keynes

Chapter 1

✉ 초대
INVITATION

Friedrich A. Hayek

INVITATION

시장경제를 위한 진실게임

"이 바보들아, 문제는 경제야!" 1992년 미국 대선 당시 대부분의 언론은 걸프전의 승리로 인기가 치솟고 있던 공화당 후보 조지 부시 대통령의 재선을 예상하고 있었다. 민주당에서는 어떤 후보가 나온다고 해도 부시를 이기지 못할 것이라는 전망이 우세했다. 하지만 유권자들은 아칸소 주의 주지사 경력이 전부였던 정치 신인 빌 클린턴의 손을 들어 주었다. 아무도 예상하지 못했던 클린턴의 승리에 결정적 역할을 한 것은 단 한 문장의 선거 구호였다.

"이 바보들아, 문제는 경제야!(It's economy, stupid!)"

자신이 소련을 붕괴시켰고, 걸프전을 승리로 이끌었다고 말하는 부시에 대항하여 클린턴은 이제 이념의 시대가 가고 경제의 시대가 왔음을 암시한 이 선거구호로 민심을 얻어 백악관에 입성할 수 있었다.

한때 군부와 법조계에서 국회의원이나 대통령 후보자 같은 유력 정치인이 충원되던 우리나라에도 최근에는 재벌 총수나 기업의 최고경영자라는 경력을 발판으로 정계에 화려하게 등장하는 사람들이 늘어나고 있다. 이러한 변화 역시 경제 문제에 높은 우선순위를 부여하는 세태의 변화를 반영하는 현상이라 봐도 좋을 것이다.

하지만 올바른 정치를 펼치기 위해 경제를 중요하게 생각했던 것은 비단 최근의 일이 아니다. 중국의 태평시절이라고 알려진 요순시대, 백성들의 삶을 직접 살펴보기 위해 미행을 나간 요임금은 시골길을 걷던 중 머리가 하얀 한 노인이 '손으로 배를 두드리고 발로 땅을 구르며含哺鼓腹' 흥겹게 노래를 부르고 있는 모습을 보았다.

> 해가 뜨면 일하고 해가 지면 쉬네
> 밭을 갈아 먹고 우물을 파서 마시니
> 임금님의 힘이 나에게 무슨 소용인가.

이 모습을 본 요임금이 자신의 정치가 틀리지 않았음에 안도했다고 한다. 이후 동양에서는 백성들이 부른 배를 두드리며 정치를 잊을 수 있도록 하는 것, 다시 말해 백성들을 배불리 먹이는 것보다 나은 정치는 없다는 생각이 널리 퍼졌다. 그리고 어떻게 하면 백성들이 배부르게 먹고살 수 있을까 하는 문제가 정치사상의 주요 의제가 되었다. 굳이 경세제민經世濟民이라는 말을 떠올리지 않더라도, 정치는 예나 지금이나 먹고사는 문제와 떼려야 뗄 수 없는 깊은 관계를 맺고 있다.

시장에 대한 동상이몽

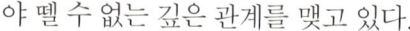

그렇다면 최근 들어 경제에 대한 사람들의 생각에서 예전과 크게 달라진 것은 무엇일까? 먹고사는 문제에 관한 한 시장만 한 게 없다는 믿음이 무엇보다도 눈에 띈다. "시장이 가장 잘 안다(Market knows the best)"거나 "돈이 말을 한다(Money talks)"는 구호는 이제 더 이상 낯선 표현이 아니다. 경제는 물론 우리 삶의 모든 것을 시장의 판단에 맡기자는 시장 만능주의와 시장 근본주의가 바야흐로 새로운 시대정신으로 등장하고 있다. 어떻게 이런 일이 가능해졌을까? 이것이 과연 바람직한 현상일까?

시장 만능주의의 이데올로기가 우리의 마음을 사로잡게 된 결정적인 계기는 1997년 외환위기라고 할 수 있다. 철옹성 같던 은행과 재벌이 하루아침에 무너지고 평생 나와 가족의 생계를 책임져주리라 믿었던 직장에서 속절없이 밀려난 사람들은 시장의 폭력에 전율하는 한편, 오직 능력만이 성패를 좌우하는 듯한 시장의 간명한 힘에 매혹되기도 했다. 이 와중에 시장에 대한 사람들의 믿음은 더욱 두터워졌다. 사회의 공적 부분에 해당하는 건강보험과 국민연금을 민영화하자거나, 공교육의 테두리를 벗어난 자립형 사립학교를 확대해야 한다는 주장도 점점 공감대를 넓혀가고 있다. 이제 이런 주장을 기득권층의 이기주의라고 폄하하기에는 여기에 심정적 지지를 보내는 사람들이 너무 많다. 오히려 공교육의 중요성을 역설하면 국제 경쟁 시대에 인재육성의 필요성을 부정하는 조야한 평등주의자로, 적대적 인수·합병(M&A)이 초래하는 사회적 비용을 지적하면 주주 자본주의 시대에 역행하는 철 지난 민족주의자로 치부되는 세상이 된 것이다. 한미자유무역협정 체결을 통해 경쟁의 햇볕을 비춤으로써 부패하고 비효율적인 서비스산업을 탈바꿈시킬 수 있다는 믿음 역시 시장 근본주의라는 혐의로부터 자유롭지 못하다. 우리 사회의 심각한 문제로 떠오른 양극화에 대한 국민적 관심이 흐지부지된 것 또한 시장의 힘을 보여준다. 시장이 잘 움직여 경제가 성장하기만 하면 양극화 문제도 저절로 해결되리라는 논리에 동의하는 사람들이 점점 더 많아지고 있는 것이다.

어느 소설가가 '자유주의'의 이름으로 시장에 바친 다음과 같은 찬사는 소리 없는 다수의 생각을 깔끔하게 정리한 혜안처럼 보이기도 한다.

> 인류 사회에서 생태계와 가장 가까운 것은 시장이었다. 시장은 다양한 틈새들을 마련했다. 그래서 시장이 생기면 경쟁이 누그러졌다. 그에겐 교육문제를 푸는 길은 간명했다. 교육의 소비자들인 학생들과 생산자들인 학교들로 이루어진 시장에 교육을 맡기고 시장이 제대로 하지 못하는 부분만을 정부가 나중에 떠맡는 것이었다. 모든 일들에서 먼저 시민들이, 즉 시장이, 하고 싶은 일들을 하고, 그런 시민들의 활동에서 문

제가 나오면, 그때 비로소 정부가 개입한다는 것이 이 사회의 기본원리였다……그는 시장에 대한 믿음이 컸다. 시장이 사람들의 판단을 가리키는 약어이므로, 이 말은 실제로는 다른 사람들에 대한 믿음이 크다는 것을 뜻했다. 그는 자신이 그렇게 다른 사람들에 대한 믿음을 지녔다는 사실이 늘 자랑스러웠다. 정부의 개입과 규제를 외치는 사람들은 실은 다른 사람들을 믿지 못하는 것이었다. 다른 사람들의 판단들과 행위들에 대해 믿음을 가지는 것은 어렵고 개인들의 판단들과 행위들이 조화를 이루어 사회적 질서가 나타나는 과정을 이해하는 것은 더욱 어려웠으므로, 이 세상엔 자유주의자들이 드물 수밖에 없었다.

복거일, 『보이지 않는 손』 (문학과지성사)

하지만 시장의 순기능을 인정하면서도 시장의 폭주를 경계하는 목소리가 완전히 사라진 것은 아니다. 시장 근본주의에 대한 경계는 주로 시민운동가나 비판적 경제학자들로부터 들려오지만, 때로는 시장의 한가운데에서 직접 흘러나오는 경우도 있다.

시장 근본주의에 따르면, 모든 사회적 활동과 인간의 상호작용을 계약에 기반한 거래관계로 이해하고 화폐라는 단일한 척도로 평가하는 것이 바람직하다. 사업과 경제 이외의 영역으로까지 시장 이데올로기가 침투할 경우 사회 전반에 반도덕적이고 파괴적인 결과가 발생할 가능성이 높다. 그러나 시장 근본주의는 너무도 강력해서 이에 저항하는 어떠한 정치적 세력도 감상적이고 비논리적이며 세상 물정을 모른다는 낙인이 찍히게 마련이다. 그러나 진실은 그 반대이다. 비논리적이고 단순한 것은 오히려 시장 근본주의인 것이다. 도덕과 윤리라는 커다란 문제를 제쳐두고 경제문제만 살펴보더라도 시장 근본주의라는 이데올로기가 얼마나 큰 결함을 가지고 있는지 확인할 수 있다. 순수하게 경제적이고 금융적인 영역에서 시장에 전권을 부여할 경우 엄청난 무질서 상태가 빚어지며 결국에는 세계 자본주의 체제의 붕괴로 이어질 수밖에 없다.

조지 소로스, 『세계 자본주의의 위기』 (김영사)

평생을 금융시장에서 활동하며 엄청난 부와 명성을 쌓아온 소로스George Soros의 말이다. 그에 따르면 인류는 한 가지 가치만을 맹신하며 이를 사회 전체에 강요하는 '근본주의'를 넘어서야만 한다. 시장 메커니즘을 없애고 집단적 통제가 모든 경제적 활동을 지배하도록 강요한 공산주의가 과거의 근본주의였다면, 오늘날에는 집단적 의사결정을 없애고 사회적·정치적 가치 대신 시장의 가치만을 강요하는 시장 근본주의가 인류의 안녕을 위협하고 있다는 것이다. 규칙을 만드는 일과 규칙에 의해 활동을 하는 일, 다시 말해 정치와 시장 사이에서 적절한 균형을 유지할 필요가 있다는 주장이 세계적인 '투기꾼' 소로스를 통해 제시되었다는 사실이 역설적이기는 하지만, 누구보다도 시장에 능통한 시장 전문가가 시장 만능론을 경계하고 있다는 점에서 쉽게 무시하기 어려운 무게가 느껴진다.

한쪽에서는 보다 많은 시장에 대한 요구가, 다른 한쪽에서는 시장 일변도의 사회에 대한 불만이 제기되는 상황에서 우리는 어떤 판단을 내려야 할까? 시장을 둘러싼 진실은 과연 무엇일까? 이에 대한 납득할 만한 대답을 얻으려면 우선 시장이 무엇인지, 그 장점과 단점이 무엇인지를 차분히 확인할 필요가 있다. 시장의 본질 그리고 시장과 사회 사이의 바람직한 관계를 알아가는 방법은 여러 가지가 있다. 장터 한가운데로 달려가 상인들의 목소리를 들어볼 수도 있고, 성공한 경영자의 회고록을 읽어볼 수도 있을 것이다. 하지만 우리는 시장에 대한 경제학자들의 연구와 발언에 귀기울여보는 방법을 선택하기로 하자.

죽은 경제학자들의 살아있는 생각　　어느 경제학자는 20세기 최고의 명저 중 한 권으로 알려진 책의 맨 마지막 부분에서 경제학자의 사상이 가지고 있는 힘을 다음과 같이 토로한 바 있다.

경제학자와 정치철학자들의 사상은, 그것이 옳든 그르든 간에 흔히 생각되는 것보다 훨씬 강력하다. 실제로 이보다 세계를 더 지배하는 것은 거의 없을 것이다. 어떤 지적인 영향으로부터 완전히 자유롭다고 믿는 실무적 인간도 죽은 경제학자의 노예인 경우가 많다. 허공에서 계시를 듣는다는 권좌에 앉은 미치광이들도 그들의 망상을 수년 전 어떤 학구적인 잡문으로부터 빼내고 있는 것이다. 기득권층의 힘은 사상의 점진적 침투에 비해 훨씬 과장되어 있다.……늦든 빠르든 선에 대해서든 악에 대해서든 위험한 것은 사상이지 기득권이 아니다.

케인즈, 『고용, 이자 및 화폐에 관한 일반이론』

그동안 시장에 대한 깊은 통찰을 보여준 많은 경제학자들이 있었다. '보이지 않는 손'이라는 은유를 통해 시장을 예찬한 애덤 스미스, 시장의 자유 속에 숨겨진 불평등을 야유한 마르크스, 시장의 불확실성을 이겨낸 기업가의 '창조적 파괴'를 예찬한 슘페터. 이들은 시장의 다양한 모습들을 드러내 보였고 지금까지도 경제학의 거인들로 우뚝 서 있다.

하지만 지금 여기서 들어보려고 하는 것은 바로 케인즈와 하이에크의 목소리이다. 이들은 시장 자본주의가 가장 극적으로 변모한 20세기의 한복판에서 시장의 본질, 시장과 사회 그리고 경제와 정치의 바람직한 관계에 대해 누구보다도 치열하게 고민했던 사람들이다. 또한 그 고민을 수많은 저작과 현실 참여를 통해 하나의 시대정신으로 구현했던 대표적인 경제학자들이다.

케인즈는 현대 경제학의 골격을 완성한 학자이자 현실 경제에도 깊숙이 개입했던 당대의 실천가였다. 자본주의 시장경제의 최대 위기였던 대공황에 맞서 정부의 적극적인 경제정책과 시장에 대한 적절한 관리를 통해 '인간의 얼굴을 한 자본주의'의 새로운 비전을 제시한 사람이 바로 케인즈였다. 그의 지혜가 없었다면 제2차 세계대전 이후 세계의 선진국들이 오랜 기간 누렸던 번영 또한 없었을 것이라는 사람들의 회고가 결코 과장처럼 느껴지지 않는 것도 이 때문이다. 전통적으로 시장과 자유방임주의를 옹호해온 공화당 소속의 닉슨 대통령이 "이제 우리 모두는 케인즈주의자"라고 선언했을 때 케인즈의 영광은 정점에 달했다. 세상을 움직이는 것은 '죽은 경제학자'의 사상이라는 자신의 발언이 마침내 현실에서 확인된 순간이기도 했다.

평생 동안 케인즈에 맞서 자유방임 시장을 옹호한 하이에크도 '생각의 힘'을 강조하기는 마찬가지였다. 그는 시장을 억압하는 모든 지적 흐름이란 인류를 결국 노예의 길로 몰고갈 수밖에 없다는 신념 아래, '이념의 전쟁'을 통해 사람들의 생각을 바꾸어 놓는 일을 일생의 과업으로 삼았다. 생애의 대부분을 케인즈의 이념이 지배하는 세상에서 살았지만 그는 시대와의 불화를 두려워하지 않고 시장을 통한 자유의 가치를 부르짖었다. 케인즈와의 논쟁에서 패배한 시대착오적이고 극단적인 자유시장 옹호자로 냉대받던 어두운 시절에도 자신의 생각을 계속 가다듬고 세상을 설득한 끝에, 대처와 레이건의 집권으로 마침내 불가능해 보였던 꿈을 이룰 수 있었다.

이제 누구보다도 사상의 힘을 주목했으며 현실에 대한 끊임없는 관찰과 사색을 통해 자신만의 사상을 만들어내고, 이를 통해 세상을 바꾼 두 명의 위대한 경제학자의 세계를 살펴보는 짧은 지적 여행을 시작해보기로 하자. 과연 그들은 자신이 살고 있던 세상을 어떻게 평가했으며, 그들이 이루려 한 새로운 세상의 모습은 어떤 것이었을까? 두 사람 사이에는 어떤 논쟁이 오고갔고, 서로를 어떻게 평가했을까? 모든 이들이 함께 번영할 수 있는 멋진 신세계를 위해 어떤 노력과 준비가 필요하다고 믿었을까?

케인즈와 하이에크의 삶과 사상을 살펴보는 짧은 여행을 마친 후, 여러분들이 여행 그 이전과는 조금은 다른 사람이 되어 있기를 기대해 본다. 그리하여 낯선 거리에서 문득 자신의 새로운 얼굴과 마주할 수 있게 되기를…….

John M. Keynes

Chapter 2

만남
MEETING

Friedrich A. Hayek

만남 1

사회주의와 맞서다

존 메이너드 케인즈$^{\text{John M. Keynes, 1883~1946}}$와 프리드리히 폰 하이에크$^{\text{Friedrich A. Hayek, 1899~1992}}$는 평생의 동지이자 맞수였다. 사회주의에 맞서 자유주의를 옹호하고 자본주의 경제체제를 지키려 했다는 점에서 동지였지만, 자본주의를 어떻게 가꾸어야 하는가를 놓고서는 가치관과 이념이 다른 두 진영을 대표해 치열한 논쟁을 벌였다.

자본주의가 사회주의보다 우월한 체제라는 동일한 신념을 가지고 있었지만, 영국과 유럽의 장래에 대해서는 상이한 처방을 제시한 이들은 과연 사회주의와 어떻게 대결했을까? 우선 자본주의의 가장 강력한 비판자였던 마르크스$^{\text{Karl Marx, 1818~ 1883}}$의 '어두운 예언'부터 살펴보자.

마르크스의 어두운 예언과 페이비언 사회주의

자본주의의 명암

자본주의 경제의 작동 원리를 해명하는 데 평생을 바친 카를 하인리히 마르크스는 자본주의가 내적으로 본질적인 모순을 안고 있다고 생각했다. 그리고 그로 인해 공황과 혁명이 필연적으로 발생할 것이라고 믿었다. 자본주의 경제체제는 생산의 목적이 사회적 필요를 충족시키는 데 있지 않고 이윤을 얻는 데 있기 때문에 사회가 필요로 하는 수준 이상으로 상품을 과잉생산하는 내적 경향을 띤다. 이로 인해 시장을 둘러싼 자본가들의 경쟁이 노동자를 해고하고 그 대신 기계와 설비에 대한 투자를 늘리는 방식으로 나타나 과잉생산의 경향은 더욱 강화되고 결국 이윤율은 떨어지게 된다. 이 과정에서 노동자들이 실업상태나 임금삭감을 감수해야 하는 상황에 내몰리고 결국 이들의 구매력도 줄어든다. 이처럼 상품은 지나치게 많이 생산되는 반면 이를 구매할 능력은 오히려 줄어들기 때문에 수익성 악화에 직면한 기업들은 더 이상 살아남을 수 없게 된다. 자본주의가 효율성을 상실하고 사회전반의 빈곤이 극단화되면 결국 노동자 계급의 반란, 곧 프롤레타리아 혁명이 일어나 자본주의는 무너지고 새로운 사회가 찾아온다. 사회주의 또는 공산주의 사회가 바로 그것이다.

모든 이익을 탈취하고 독점하는 대자본가들의 수가 끊임없이 늘어나면서 대중의 빈곤·억압·노예화·타락·착취도 함께 늘어난다. 그러나 이와 함께 자본주의 생산과정 자체의 메커니즘에 의해 훈련되고 통일되며 조직되는 계급인 노동자 계급의 반항도 커진다.…… 생산수단의 집중과 노동의 사회화는 마침내 그 자본주의적 외피와는 양립할 수 없는 지점에 도달한다. 이 외피는 산산조각난다. 자본주의적 사유재산의 몰락을 알리는 조종이 울린다. 수탈자가 수탈당한다.

마르크스, 『자본론』(1권 32장)

마르크스의 예언처럼 19세기 자본주의는 많은 문제점을 드러냈다. 경제 전체의 생산력은 증대되었지만 노동자 계급의 빈곤은 계속되었다. 주기적인 공황으로 수많은 기업들이 도산하고 대량 실업이 발생했다. 제국주의 전쟁도 사람들로 하여금 자본주의 체제의 정당성을 의심하도록 만들었다. 더욱이 1917년에는 러시아에 혁명이 일어나 최초의 사회주의 체제가 들어서기도 했다. 이에 따라 유럽에서는 자본주의를 대신할 대안적 체제의 가능성을 사회주의 이념에서 찾는 지식인들이 점점 늘어나기 시작했다. 이들은 '생산수단의 사회적 소유'와 '계획에 의한 자원 배분'을 통해 자유와 평등 그리고 사회정의를 실현할 수 있다고 믿었다.

케인즈의 조국인 영국도 사정은 마찬가지였다. 영국에서는 페이비언 사회주의^{Fabianism}가 큰 영향력을 발휘했는데, 노동조합운동과 복지국가 건설과정에서 중요한 역할을 담당했던 웨브^{Sidney J. Webb & Beatrice P. Webb} 부부, 『인간과 초인^{Man and Superman}』(1903)으로 노벨문학상을 수상한 조지 버나드 쇼^{George B. Shaw, 1856~1950}, 『타임머신^{The Time Machine}』(1895), 『우주전쟁^{The War of the Worlds}』(1898), 『투명인간^{The Invisible Man}』(1897)으로 미래소설의 새로운 지평을 열었던

웰스^{Hebert G. Wells, 1866~1946} 등이 대표적인 인물이다. 이들은 레닌^{Nikolai Lenin, 1870~1924}이나 로자 룩셈부르크^{Rosa Luxemburg, 1871~1919}와 마찬가지로 사유재산의 철폐를 지향했지만, 폭력혁명 대신 전문 엘리트들에 의한 계몽과 꾸준한 교육 그리고 의회 민주주의를 통해 새로운 사회로 나아갈 수 있다고 믿으며 정통 마르크스주의자들과 거리를 두었다. 페이비언 사회주의의 주요 구성원들은 나중에 영국 노동당에 합류해 '요람에서 무덤까지'를 지향하는 복지국가의 건설과 철도·광산·의료 등 기간산업의 국유화를 이끌게 된다. 분명한 것은 페이비언 사회주의가 사회주의의 이상을 긍정하면서도 자본주의의 틀 안에서 그 이상을 실현하려 했던 케인즈의 사상에 큰 영향을 주었다는 점이다.

■■ 자본주의의 어두운 미래를 경고한 웰스

영화 〈우주전쟁〉의 원작자인 웰스는 자본주의 사회에서 계급 간의 양극화가 불러올 어두운 미래를 풍부한 상상력을 통해 경고한 미래소설 작가이다. 화성인의 영국 공습이라는 설정을 통해 그가 전하고 싶었던 메시지는 서구 제국주의의 야만성과 폭력성에 대한 비판이었다. 기계장치에 의한 시간여행을 최초로 선보인 그의 또 다른 작품 〈타임머신〉은 한층 우울한 미래상을 드러낸다. 타임머신을 개발하여 시간여행을 떠난 주인공은 핵전쟁으로 얼룩진 인류의 미래를 목격하고 절망한다. 80만 년 뒤의 미래세계에서 평화롭게 살아가는 일로이를 만나 희망을 갖지만, 멀록은 지하에서 생활하는 일로이를 식량으로 사용하기 위해 사육하고 있었다. 각각 부르주아와 프롤레타리아를 상징하는 일로이와 멀록의 '디스토피아'를 통해, 웰스는 자본주의의 계급적대가 극단화될 경우 문명과 윤리가 파괴되는 끔찍한 야만으로 회귀할 수도 있다는 메시지를 던졌던 것이다.

사도회와 블룸즈버리 그룹

케인즈주의가 싹트다

케인즈는 공교롭게도 마르크스가 세상을 떠난 1883년, 영국의 대표적인 대학도시인 케임브리지의 하비가 Harvey Road에서 2남 1녀 중 장남으로 태어났다. 그의 아버지 존 네빌 케인즈John N. Keynes, 1852~1949는 경제학 방법론의 고전인 『정치경제학의 범위와 방법The Scope and Method of Political Economy』(1891)을 저술한 저명한 경제학자였고 어머니 플로렌스 에이더 케인즈Florence A. Keynes, 1861~1958는 케임브리지의 치안판사를 거쳐 시장으로 활동했다.

명문 이튼 고등학교에 장학생으로 입학한 케인즈는 고전과 수학을 공부했고, 역사에 깊은 흥미를 가졌으며, 특히 토론을 즐겼다고 알려져 있다. 케임브리지 대학의 킹스 칼리지에 입학해서는 수학과 철학 공부에 많은 시간을 쏟았지만, 정작 경제학에 대해서는 관심이 없었다.

이 시절 케인즈는 평생의 가치관 형성에 결정적인 영향을 미친 두 모임에 참여하게 된다. 그 중 하나가 케임브리지 대학의 비공개서클인 '사도회Cambridge Apostles'이다. 이곳에서 그는 버트런드 러셀Bertrand Russell, 1872~1970, 알프레드 화이트헤드Alfred N. Whitehead, 1861~1947와 같은 철학자, 그리고 리턴 스트레이치G. Lytton Strachey, 1880~1932, 데즈먼드 매카시Desmond MacCarthy, 1878~1952 등 당대의 쟁쟁한 지성들을 만나 철학과 미학, 문학에 대한 토론을 나누었다. 특히 케임브리지에서 철학을 강의하며 사도회를 이끌었던 조지 무어George E. Moore, 1873~1958와의 만남은 경제학자로서의 케인즈의 사상에 결정적인 영향을 미친다. 무어는 직관과 지성을 찬양하며 19세기 영국을 지배했던 벤담^{Jeremy Bentham, 1748~1832}의 공리주의 사상에 도전장을 던진 인물이다. 케인즈가 직관을 갈고닦아 오로지 자신의 이성에 따라 선악의 판단을 내리는 삶을 지향했던 것도 무어의 가르침 덕분이었다. 훗날 케인즈는 "대학에 갓 입학한 우리들에게 무어는 최고의 인간이었다"고 회상한다. 또한 1938년에 쓴 그의 사상적 회고록『젊은 날의 신념^{My Early Beliefs}』에서 "우리들은 무어의 종교를 받아들인 대신 도덕을 버렸다"고 진술한다. 무어의 도덕이 외부에 대한 인간의 태도였다면, 종교는 자신과 궁극적인 것에 대한 인간의 태도를 의미했다. 말하자면, 청년 시절의 케인즈는 사회적인 규범과 도덕을 거부하고 대신 자신의 직관과 이성을 믿는 길을 선택했던 것이다. 이때 무어에 의해 제창된 '선한 삶^{good life}'은 케인즈의 전 생애에 걸친 목표가 된다. 그는 자신이 지향한 선한 삶을 이렇게 말하고 있다.

하이에크와 함께 시장경제를 옹호한 케인즈

(선한 삶이란) 시간을 뛰어넘는 정열적인 명상과 친교의 상태를 지칭한다. 정열적인 명상과 친교에 어울리는 주제는 사랑하는 사람, 아름다움, 진리이며, 인생에서 가장 중요한 목적은 사랑, 미적 체험의 창조와 향유, 진리의 추구인데, 이 중에서도 사랑이 으뜸이다. 가장 큰 가치를 갖는 의식의 상태는 사

람을 사귀는 즐거움과 미적 대상의 향유라고 할 수 있다.

케인즈, 『젊은 날의 신념』

케인즈에게 영향을 준 또하나의 모임은 블룸즈버리 그룹 Bloomsbury group 이었다. 한 시인은 "나를 키운 건 팔 할이 바람"이라고 노래했지만, 젊은 시절의 케인즈를 키운 건 팔 할이 블룸즈버리 그룹이었다. 이 그룹을 만든 사람들은 대영박물관이 있는 블룸즈버리 지역에서 자유로운 삶을 추구하던 젊은 작가와 예술가들이었다. 클라이브 벨 Clive Bell, 색슨 시드니 터너 Saxon Sydney Turner, 리턴 스트래이치 Lytton Strachey, 메이너드 케인즈, 레너드 울프 Leonard Wolfe, 화가인 던컨 그랜트 Duncan Grant, 『전망 좋은 방』과 『인도로 가는 길』을 쓴 소설가 E. M. 포스터 E.M.Forster 등이 이 모임에 자주 참여했다. 젊은 케인즈는 이들과 혈육과도 같은 단단한 유대 위에 영혼의 교류를 나누었다. 어떤 규범이나 구속에도 얽매이지 않는 자유롭고 반항적인 정신이나 예술에 대한 날카로운 감수성과 같은 케인즈의 중요한 특징들이 다름 아닌 블룸즈버리 그룹을 통해 형성되었던 것이다. 구성원들이 나이가 들고 활동 공간이 달라져 예전처럼 함께 생활하는 것이 불가능해지자 이 모임은 '회상록 그룹 memoir group'으로 그 모습을 바꿔 지속된다. 자전적인 회상록을 써서 서로 의견을 교환하자는 취지로 결성된 이 모임의 의무는 진실을 있는 그대로 드러내는 것이었다. 이곳에서는 어떠한 이야기도 할 수 있었지만 외부에는 발표하지 않는 것을 원칙으로 했다. 당시 구성원들은 대부분 50대 중·후반으로, 사회·문학·철학·정치·경제·예술 등을 망라하는 광범

위한 주제들을 일상적으로 토론하고, 편지를 통해 수시로 의견을 교환했다. 또한 주거·자산 운영·임차 문제·취미·인테리어·회식에 이르기까지의 일상생활은 물론이고 나아가 복잡하게 얽힌 애정 관계까지도 공유했다. 회상록 그룹의 회원들은 런던에서 떨어진 서식스에 별도의 생활공간을 마련해 그들의 사생활을 보호하면서 사색과 예술에 심취하는 한가로운 전원생활을 누렸다. 케인즈의 사상적 회고록인 『젊은 날의 신념』도 이 모임에서 발표된 것으로, 그가 사망한 후에 공개되었다.

'사도회'와 '블룸즈버리 그룹'을 통해 개인의 자유를 가장 중요한 가치로 내면화한 케인즈에게 사회주의는 이질적인 것일 수밖에 없었다. 하지만 그가 기회의 평등과 사회통합 그리고 정의라는 가치를 가볍게 여긴 것은 아니었다. 그는 사회주의가 사람

■■ 블룸즈버리 그룹의 안주인, 버지니아 울프

블룸즈버리 그룹은 우리에게도 알려진 소설가 버지니아 울프에게서 비롯되었다. 아버지가 세상을 떠난 후 그녀는 언니 바네사, 동생들과 함께 가난한 지식인들과 예술가들이 주로 살던 블룸즈버리 지역으로 이사한 후 케임브리지 대학에 다니던 남동생 토비의 친구들을 초대했다. 이것이 블룸즈버리 그룹의 시작이었다. 토비가 세상을 떠난 후에도 블룸즈버리 그룹의 인연은 계속되었다. 바네사는 클라이브 벨과 결혼했고, 버지니아는 레너드 울프와 결혼했다. 버지니아는 레너드 울프의 헌신적인 격려 속에서 빅토리아 시대의 인습을 깨고 소설가로 성장했지만, 정신병으로 고통을 겪으며 제2차 세계대전의 와중에 스스로 목숨을 끊었다. 이후 페미니즘에 대한 관심이 높아지면서 그녀의 작품은 재평가를 받게 된다.

케인즈에게 자유롭고 반항적인 정신과 예술에 대한 날카로운 감수성을 키워준 블룸즈버리 그룹

들의 이타적 충동을 사회에 봉사하는 방향으로 이끌었고, 대담한 실험을 행할 수 있는 용기를 지녔다는 점을 높게 평가했다. 그 때문에 버나드 쇼나 웨브 부부와 같은 페이비언 사회주의자들과도 좋은 관계를 유지할 수 있었다. 그럼에도 케인즈는 사회주의보다 더 매력적인 사회가 자본주의 속에서 얼마든지 가능하다고 믿었다. 그의 주된 관심은 '자본가로부터 자본주의를 지키는 것'이었다. 1930년대 대공황으로부터 자본주의를 구출하는 아이디어를 낸 것이나, 제2차 세계대전 중 나치즘에 맞서 자유세계를 지키려 했던 것도, 그에게는 사회주의와 대결하는 한 가지 방식이었다.

사회주의에 대한 케인즈의 비판

케인즈는 다수의 지배, 다시 말해 민주주의에 대해 조금은 회의적인 입장이었다. 따라서 다수 노동자 계급의 적극적 참여를 중시하는 사회주의에 깊이 공감할 수 없었다. 그가 사회주의에 결코 동의할 수 없었던 좀 더 근본적인 이유도 여기에 있었다. 전통적인 보수주의를 대표하는 에드먼드 버크[Edmund Burke, 1729~1797]에 따르면, 대중은 스스로를 통치할 능력이 없기 때문에 평등의 이름으로 이루어지는 대중의 편견과 오류를 저지할 책무를 의회가 가져야 한다. 케인즈는 이 점에서 버크와 같은 생각을 가지고 있었지만 민주주의에 본연의 소중한 가치가 있음을 충분히 이해하고 있었고, 인간의 차이를 극단화해 사회적 차별을 정당화하려는 사람들을 혐오했다. 가령 그는 『인구론[An Essay on the Principle of Population]』(1798)으로 잘 알려진 토머스 맬서스[Thomas R. Malthus, 1766~1834]를 높이 평가해 맬서스 학회의 부회장직을 맡았지만, 히틀러의 우생학이 유럽 문명의 위협으로 대두되자 이 학회가 히틀러의 우생학을 정당화하는 데 악용될 것을 우려해 부회장직을 사임하기도 했다.

하지만 그는 인간의 능력은 평등하지 않으며 '결과의 평등'이 반드시 정의로운 것도 아니라고 생각했다. 이 점에서 케인즈는 평등주의자[egalitarian]가 아니었으며, 사유재산의 폐지를 통해 평등을 지향하는 사회주의의 기획에도 결코 동의하지 않았다. "나는 노동자 계급의 일원이 아니며, 정의나 공공선을 추구하지만 그럼에도 만일 계급 간의 전쟁이 벌어진다면 교육을 받은 부르주아의 편에 설 수밖에 없다"는 그의 토로에서도 모종의 엘리트주의를 읽어낼 수 있다. 능력 있고 사심 없는 엘리트들이 대중의 비합리적인 정념과 압력으로부터 벗어나 충분한 재량권을 가지고 실용적인 정책을 펼치는 것이야말로 공공선을 달성하는 지름길이라고 생각했던 것이다.

사회주의에 대한 케인즈의 부정적 생각은 볼셰비키 혁명을 통해 사회주의 사회로 탈바꿈하고 있던 소련을 방문하면서 한층 강화되었다〔『러시아 개관 A Short View of Russia』(1925)〕. 그가 주목했던 첫 번째 문제점은 사회주의라는 목표를 달성할 수단이 잘못되었다는 점이었다. 당시 소비에트 정부는 농민들로부터는 국제 가격보다 낮게 곡물을 구매하고 대신 국제 가격보다 높게 공산품을 판매했는데, 이는 당장의 목적을 달성하는 데는 효과적인 수단일 수 있지만, 장기적으로 보면 비효율성의 원천으로 변질되리라는 것이 그의 생각이었다. 시장을 대신해 중앙계획당국이 자원을 배분할 경우 한 사회의 선호 체계를 반영하는 상대가격 체계를 왜곡해 결국 국가의 부^{wealth}도 손상된다고 보았으며 국가가 사회의 이름으로 소비자의 선택을 무시하는 것은 전형적인 볼셰비즘에 다름 아니라고 믿었다. 하지만 소비에트 공산주의가 생존이 불가능할 정도로 그렇게 비효율적이지는 않다는 평가도 덧붙임으로써 극단으로 치우치지 않는 모습을 다시 한번 보여준다.

그리고 소련 사회에서 개인의 자유와 다양성이 억압되고 있다는 점도 강조한다. 그가 관찰한 소련은 일상생활 속에서 자유와 안전이 파괴되어도 문제 삼지 않고, 가정과 일터에서 염탐질을 강요하며, 현대 세계에 적용될 수 없는 오류투성이인 마르크스 경제학을 성서처럼 신성시하고, 지식인보다 프롤레타리아를 찬미하는 곳이었다. 요건대 이곳은 미래의 의심스러운 이익을 위해 현재의 이익을 희생시키는 세계였다. 그러나 소련에서의 새로운 실험이 가져올 효과, 곧 금전욕과 축재 욕구 그리고 이에 기초한 도덕률을 폐기할 가능성을 안고 있다는 점에 대해서는 후한 평가를 내렸다.

　소련 방문을 계기로 케인즈는 페이비언 사회주의와 영국 노동당의 현실 정치에 대해서도 비판의 목소리를 더욱 높이게 된다. 그가 특히 문제로 삼았던 것은 기존 제도들을 무너뜨리기만 하면 모든 문제가 해결되리라고 생각하는 '지적 안일'이었다. 케인즈의 입장에서 보자면 이미 정착된 사회적 합의를 자의적으로 변경하는 것은 삶의 불확실성만을 키울 뿐이며, 정치적 안정·물질적 풍요·지적 자유를 위협함으로써 공동체의 구성원들에 의한 윤리적 선의 추구도 방해한다.

　　개혁가는 옛 개인주의의 가장 중요한 덕목인 의사결정과 권력의 분권화를 보존할 필요성을 인정해야 한다. 특히 파괴의 시대에는 사회의 다양한 조직물들이 적지 않은 부작용을 지니고 있을지라도 이들을 열정적으로 보호해야만 한다. 문명은 과거로부터의 전통이며, 우리 선조들에 의해 만들어진 기적과도 같은 건축물이기 때문이다. 만들기는 어렵지만 사라지기는 쉬운 것이 바로 문명이다.

케인즈가 《뉴 리퍼블릭》에 기고한 글 (1940. 7. 29.)

케인즈는 타당성이 입증되지 못한 사회주의에 의존하지 않고도 자본주의의 병리현상을 얼마든지 치료할 수 있다고 믿었다. 그가 보기에 자유방임주의자들이나 사회주의자들은 자본주의 체제를 '자유시장'과 동일시하고, 자본주의의 다양성과 변화가능성을 외면하고 있다는 점에서 똑같이 어리석은 사람들이었다. 차이가 있다면 자유방임주의자들의 경우 자유시장을 중심으로 한 경제법칙을 지고지선의 진리라고 믿어 조금의 변화도 허용하려 하지 않았던 반면, 사회주의자들은 이를 '참을 수 없는 진리'로 여겨 시장 자체를 포기하려 했다는 것뿐이었다.

하이에크 사상의 출발점
가이스트크라이스 사회주의에 대한 케인즈의 감정이 다소 복잡한 것이었다면, 하이에크는 사회주의에 대해 훨씬 단호한 태도를 보였다. 그에게 사회주의란 진보를 가장한 악, 인류를 '노예의 길'로 몰아넣는 나쁜 이념에 지나지 않는 것이었다.

하이에크는 1899년 오스트리아의 빈[Wien]에서 태어났다. 그의 아버지는 식물학 분야의 유명한 교수였으며 20세기의 가장 영향력 있는 분석철학자인 루트비히 비트겐슈타인[Ludwig Wittgenstein,

$^{1889~1951}$이 그의 사촌형이었다. 당시 빈은 오스트리아·헝가리 제국의 몰락으로 정치적 영향력이 급속하게 약화된 상태였지만 새로운 가치와 사회 시스템에 대한 고민과 토론으로 창조적 열기가 뜨거운 곳이었다. 이러한 빈의 문화는 하이에크 평생의 사상적 자양분이 되었다. 하지만 제1차 세계대전의 발발은 아버지의 뒤를 이어 식물학자가 되려고 했던 하이에크의 운명을 완전히 바꾸어 놓았다.

제1차 세계대전에 참전하여 죽음의 공포 속에서 '위대한' 제국이 민족 문제로 붕괴되는 것을 직접 목격한 그는 어떻게 하면 '보다 공정한 사회'를 건설할 것인가를 고민하게 된다. 종전과 함께 전쟁터에서 돌아온 하이에크는 공부를 하기로 결심하고 빈 대학의 법학부에 등록한다. 대부분의 학생들은 대학을 직장을 얻기 위해 거쳐야 하는 곳 정도로 치부했지만, 하이에크는 이 공간을 마음이 끌리는 주제를 스스로의 힘으로 연구할 수 있는 방법과 기술을 연마하는 장소라고 생각했다. 대학 시절 그에게 스스로 생각하는 방법을 가르쳐준 것은 빈 대학의 공개적인 강의실이 아니라 동료 학생들과 함께 개인적으로 조직한 연구회였다. 하이에크는 오트마르 슈판$^{Othmar\ Spann,\ 1878~1950}$의 박사 과정 세미나에 실망해 1921년 가을, 친구들과 '가이스트크라이스$^{Geistkreis,\ Circle\ of\ Spirits}$'를 만들어 새로운 길을 모색한다. 전형적인 빈 풍^{Wien風}의 모임이었던 이 연구회의 회원들은 한 달에 한두 번씩 만나 문학·철학·심리학·예술·정치 등 광범위한 주제를 놓고 발표하며 치열한 토론을 벌였다. 대부분의 회원들은 심리학·철학·미술사·사회학을 전공한 사람들이었지만 프리츠 마흘루프

케인즈와는 다른 방법으로 시장경제를 지키려 했던 하이에크

Fritz Machlup, 1902~1983, 오스카어 모르겐슈테른Oskar Morgenstern, 1902~1977, 고트프리트 하벌러Gottfried Haberler, 1900~1995 등 경제학자로 대성한 사람들도 이 모임에 참여했다. 당시의 대학에는 교수 자리가 아주 적었기 때문에 공부에 관심이 있는 사람들도 학문과는 무관한 직장에서 생계를 꾸리면서 남는 시간에 학문에 대한 열정을 불태울 수밖에 없었다. 가이스트크라이스에 참여한 사람들의 직업도 학생, 은행원, 마분지 공장 직원 등으로 다양했다. 1938년까지 17년간 지속된 이 모임은 하이에크의 학문 세계에 커다란 영향을 미쳤다. 가이스트크라이스에서의 활동을 계기로 하이에크는 자신의 주 전공이 아닌 문제에 대해서도 평생 동안 폭넓고 진지한 관심을 유지할 수 있었다. 나이가 들면서 경제학은 물론 사회철학, 방법론, 자연과학 등으로 연구 영역을 확대할 수 있었던 것도 이 연구회에서의 훈련 덕분이었다.

격동기에 학창시절을 보낸 젊은 하이에크는 동시대의 많은 사람들과 마찬가지로 사회주의에 대해 호의적이었다. 특히 전쟁은 보다 나은 세상, 곧 사회주의를 향한 이상주의적 탐구에 나서도록 하이에크의 등을 떠밀었다.

우리가 자라온 그 문명이 붕괴되고 있다는 것을 실감했습니다. 사회를 재구성하려는 열망 속에서 우리는 경제학을 공부했습니다. 사회주의는 그때 보다 합리적이고 보다 공정한 세상을 향한 희망을 실현시켜 주겠다고 우리에게 약속했습니다.

하이에크는 자신의 입장이 페이비언 사회주의에 가깝다고 생각했으며, 가톨릭과 공산주의의 중간적 성격을 지향하는 오스트리아 민주당을 설립하려고 시도하기도 했다. 그러나 마르크스주의에는 결코 공감하지 않았다.

나는 마르크스주의적 사회주의에 빠진 적은 한 번도 없었습니다. 그의 극단적인 교조주의는 내게 혐오감만 주었지요.

하이에크는 참전 군인이었던 덕분에 남들보다 1년 빠른 1921년 11월 법학 박사 과정을 마칠 수 있었다. 졸업 이후에는 막스 베버^{Max Weber, 1864~1920}와 연구하려 했지만 베버의 죽음으로 뜻을 이루지 못했다. 대신 재무부 장관직을 마치고 빈 대학 경제학부로 돌아온 프리드리히 폰 비저^{Friedrich von Wieser, 1851~1926}의 지도 아래 본격적으로 경제학을 공부하기 시작했다. 하이에크가 경제학에 흥미를 갖게 된 것은 오스트리아학파의 선구자인 카를 맹거^{Carl Menger, 1840~1921}의 책 『경제학의 기본 원리^{Grundsätze der Volkswirtschaftslehre}』(1871)를 읽은 것이 계기였다. 그는 경제현상을 제도적·역사적으로 추적하던 기존 경제학과는 달리 인간의 경제활동에 대한 과학적 분석을 추구한 맹거의 책에 매료되었다. 하이에크가 경제학을 학위 논문의 두 번째 대상으로 삼은 데는 세속적인 이유도 컸다.

나는 경제학과 심리학에 대해 똑같이 흥미를 느꼈습니다. 둘 중에 하나를 선택해야 했지요. 경제학으로는 최소한 어느 정도의 인정을 받을 수 있었지만, 심리학은 그렇지 못했어요. 심리학으로는 먹고살 수가 없었기 때문에 결국 나는 경제학을 선택한 것입니다.

비저는 엄밀한 경제학적 분석을 통해 누진 소득세를 과학적으로 정당화할 수 있다고 믿었다. 젊은 하이에크에게는 비저의 이러한 '따뜻한 가슴과 차가운 머리'가 매력적으로 다가왔던 것이다.

미제스를 딛고
사회주의의 중심으로

첫 번째 학위 논문을 마친 후 하이에크는 취직을 생각했다. 비저는 당시 오스트리아 재무부에 파견되어 일하고 있던 루트비히 미제스Ludwig E. Mises, 1881~ 1973에게 명민한 젊은 경제학자라고 소개하며 하이에크의 추천장을 써주었다. 추천장을 받은 미제스가 처음 보인 반응은 "당신이 젊은 경제학자라면 왜 내 강의에서 본 적이 없을까?"라는 시큰둥한 태도였다. 사실 하이에크는 학창시절 미제스의 강의에 들어간 적이 있었지만 미제스의 자유주의가 너무 극단적이라고 생각한 '젊은 페이비언 사회주의자'는 그에게 흥미를 잃었던 것이다. 그럼에도 미제스는 하이에크에게 오스트리아 회계국의 일을 맡겼다. 미제스는 정식 교수는 아니었지만, 빈에서 명성이 높은 경제학자였다.

그는 물가 안정의 중요성을 강조했고, 자유의 가치를 신봉했으며, 사회주의에 대해 날카로운 비판을 던진 개성 강한 인물이었다. 특히 그가 쓴 『사회주의Die Gemeinwirtschaft』 (1922)는 제1차 세계대전 후 전쟁터에서 귀환한 뒤 학문의 길을 선택한 수많은 젊은 이상주의자들의 세계관을 천천히, 그러나 근본적으로 바꿔놓았다. 하이에크도 그중 한 사람

하이에크의 진정한 스승이었던 미제스

이었다. 비저가 하이에크의 공식적인 지도 교수professor였다면, 그의 진정한 스승mentor은 미제스였다. 미제스는 젊은 하이에크에게 지적인 자극과 학문적 아이디어는 물론 학자의 길을 걷는 데 든든한 후견인이 되어주었고 결국 이 두 사람은 평생의 친구가 되었다. 미제스는 하이에크보다 훨씬 더 개성이 강해 사람들과의 거친 토론을 주저하지 않았지만, 그럼에도 하이에크는 미제스와 다투지 않은 유일한 제자로 남을 수 있었다.

> 나는 미제스로부터 항상 영향을 받았지만 그의 주장에 완벽하게 동의한 것은 아니었습니다. 그의 주장을 개선하고 수정하려 했던 것이지요.

하이에크는 미제스가 개인적으로 주관한 세미나Privatseminar에 참

여하면서 사회주의가 대안이 될 수 없다는 생각을 본격적으로 굳히게 된다. 사회주의와의 투쟁에 바친 인생의 첫 장은 이렇게 시작되었다.

미제스와의 토론을 자양분으로 화폐이론과 경기변동론에 몰두하던 하이에크는 1931년, 복지국가의 설계자로 유명한 윌리엄 베버리지^{William Beveridge, 1878~1963}의 초빙으로 런던 정경대학^{London School of Economics and Political Science, LSE}으로 자리를 옮긴다. 1895년 페이비언 사회주의자들이 설립한 이 학교는 1930년대부터는 좌파 대학으로 명성을 높이고 있었다. 이런 학교가 사회주의와 대립된 주장을 펼치던 하이에크를 영입한 것은 놀라운 일이었다. 경제학과만은 자유주의 경제학자들로 구성되어 있었고, 이곳을 이끌었던 대표적인 자유주의 경제학자인 라이어넬 로빈스^{Lionel C. Robbins, 1898~1984}의 강력한 요구가 있었기 때문에 가능한 일이었다. 하이에크는 "가슴이 따뜻한 사람이라면 현존하는 곤궁을 인식하는 한 사회주의자가 되는 것은 당연할지도 모르겠지만 경제학을 연구하는 사람은 보수적인 관점을 가질 수밖에 없다"는 취임 연설로 영국의 학계에 화려하게 등장한다. 이후 사회주의와 케인즈주의가 풍미하던 영국에서 런던 정경대 경제학과 주도로 자유주의를 전파하려는 투쟁이 이어지는데, 하이에크가 이 싸움의 전면에 나서서 케인즈의 작업을 집요하게 비판하게 된다.

그런데 1930년대 중반을 기점으로 영국의 지적 지형은 한층 '왼쪽'으로 이동한다. 극좌와 극우도 적지 않은 영향력을 발휘했지만, 하이에크를 괴롭혔던 것은 중도를 표방하면서 '계획

planning'의 이름으로 사회주의를 뒷문으로 끌어들이는 지적 흐름이었다. 당시의 주류, 곧 존경받는 공론은 '계획'이었고 주택, 국제교역, 사회서비스, 의료 서비스, 석탄·면화·철강·전기 등 여러 기초산업에서 다양한 계획들이 모색되었다. 1930년대 영국의 중도는 '계획, 진보, 정치적 타협'의 기치 아래 단결해 있었다. 이러한 유행은 미국도 마찬가지였다. 하이에크와 함께 현대의 경제적 자유주의를 대표하는 밀턴 프리드먼 Milton Friedman, 1912~2006의 경우, 당시 시카고 대학의 사회과학자들이 정부의 경제적 개입을 요구했다는 이유로 이들을 공산당원이거나 그 동조자들이라고 비난하기도 했다. 이러한 지적 흐름에 논리를 제공한 사람이 바로 카를 만하임 Karl Manheim, 1893~1947*이었다. 헝가리에서 망명해 런던 정경대에서 사회학을 가르친 그는 전체주의로의 후퇴를 막기 위해서는 자유 민주주의를 버리고 포괄적 계획 시스템을 도입해야 하며, 그러려면 다양한 사회적 통제가 필요하다고 믿었다. 당시의 여론 주도층은 자본주의 대신 과학을 강조하고, 과학자들이 효율적으로 관리하는 새로운 미래의 비전을 공유하고 있었던 것이다.

:: 카를 만하임

헝가리 부다페스트에서 출생한 독일의 사회학자. 본래 독일어권에서 활동했으나 나치스가 집권하자 영국으로 망명해 학문 활동을 계속했다. 지식사회학이란 새로운 사회학을 열었으며, 자유방임적인 사회에서 계획적인 사회로 이행하기 위해 사회 계획이 필요함을 역설했다.

사회주의와의 싸움에 바친 일생

하이에크는 이러한 세상이 무언가 잘못되었다고 믿었다. 그는 미제스와 로빈스 그리고 미국의 월터 리프먼[Walter Lippman, 1889~1974]과 헝가리 태생의 마이클 폴라니[Michael Polanyi, 1891~1976]와 함께 계획·집산주의*·사회주의와의 싸움을 벌였다. 1940년대에 들어서면서는 사회주의를 보다 전면적으로 비판하는 작업을 진행하는데, 이 작업은 1944년 발간된 『노예의 길[The Road to Serfdom]』을 통해 구체화됐다. 1930년대의 미제스와 하이에크가 경제적 효율의 관점에서 사회주의를 비판했다면, 『노예의 길』은 '자유'라는 보다 근본적인 가치의 관점에서 사회주의를 비판하고 있다. 하이에크는 이 책을 통해 중앙계획이 비효율적이고 퇴행적일 뿐 아니라 자유를 파괴한다고 주장했다. 그의 사상을 이해하는 데 중요한 역할을 하는 이 책은 케인즈와 하이에크를 비교하는 데도 많은 시사점을 준다. 이 부분에 대해서는 뒷장에서 좀 더 자세하게 다루기로 하고, 우선은 전시戰時의 극단적인 종이 배급제 속에서도 베스트셀러가 된 이 책이 당시 옥스퍼드 대학생이었던 마거릿 로버츠, 즉 후에 영국 총리가 된 마거릿 대처[Margaret Thatcher, 1925~]의 손에 들어가 40년 후 세상을 바꾸는 결정적인 촉매가 되었다는 점만 기억해두기로 하자.

하이에크는 사회주의가 가지는 구성주의적 측면이 큰 문제라고 생각했다. 그가 보기에 사회주의는 사람

∷ 집산주의
토지나 공장 등 주요한 생산수단의 사적 소유를 부정하고 사회적 소유를 통해 사회 전체의 복지를 실현하려는 사상. 넓은 의미로는 경제적 개인주의의 반대 개념으로도 쓰인다. 무정부주의적·조합주의적 성향을 보인다는 점에서 공산주의와도 차이가 있다.

사회주의와 집산주의를 반대하고 자유주의 운동에 중요한 역할을 한 몽펠르랭 소사이어티

들의 이성으로 사회의 집합적 결과를 측정하여 자유와 평등을 동시에 달성할 수 있다고 믿는 구성주의 constructivism 의 여러 버전 중 하나였다. 소련 사회주의가 구성주의의 좌파 버전이라면, 히틀러의 나치즘은 구성주의의 우파 버전이다. 그가 생각하기에 구성주의란 사회와 경제의 우발적이고 복잡한 성격을 간과한 채, 인간의 유한한 이성을 지나치게 신뢰한 잘못된 사상이었다. 자생적 질서를 인위적 질서로 대체하려던 구성주의의 치명적 자만 fatal conceit 은 애초의 선한 의도에도 불구하고 인류에게 해악만 끼치게 될 터였다.

그는 사회주의 특히 마르크스주의자들의 공산주의란 역사주의의 오류에 기반하고 있다는 또 다른 차원의 비판을 추가하기도 했다. 사회는 자연현상과 달리 법칙성이나 필연성과 같은 것이 없다고 보았으며 개별적이고 특수한 역사현상의 계기 속에서 "봉건제는 반드시 자본주의로 이행하며 자본주의는 공산주의로 이행할 수밖에 없다"는 식의 역사발전단계론을 이끌어내 사회주의를 정당화하는 것은 옳지 않다고 생각했다.

하이에크는 1947년 그동안의 명성에 힘입어 자유주의 운동사에서 중요한 역할을 담당하는 단체를 결성한다. 이 모임은 첫 번째 회합 장소였던 스위스 몽펠르랭의 이름을 따 이후 '몽펠르랭 소사이어티 Mont Pelerin Society'라는 이름으로 세상에 알려진다. 2년마다 열리는 이 모임은 사회주의와 집산주의에 반대하는 사상가들을 위한 국제적인 커뮤니티로, 하이에크에게는 이념의 전쟁터에 마련해놓은 중요한 야영지였던 셈이다. 그는 집산주의적 경향은 오래 지속될 것이고 따라서 이 싸움은 길고 지루한 전쟁이 될 수밖에 없지만, 자유주의 지식인들이 대중과 정책 결정자들의 마음을 사로잡을 수 있다면 최후의 승리는 자신들의 것이라고 동료들을 독려했다. 역사는 결국 그의 편이었다. 하이에크는 베를린 장벽이 무너지고 뒤이어 사회주의의 종주국인 소련이 해체되는 역사적 사건을 지켜본 후 93세의 나이로 깊은 잠에 들 수 있었다.

만남 2

케인즈, 대공황으로부터
자본주의를 구출하다

사람들이 사회주의에 이끌린 것은 '유토피아'로서의 매혹 때문이었다. 하지만 자본주의의 내재적 약점 또한 사람들을 사회주의로 내모는 원심력으로 작용했다. 자본주의의 내재적 약점을 집약적으로 보여주는 가장 극적인 사건이 바로 공황이었다. 하지만 공황의 혼란 속에서 세계는 한 명의 천재적인 경제학자를 만나게 되는데, 그가 바로 존 메이너드 케인즈였다. 공황이 없었다면 케인즈는 20세기 최고의 경제학자라는 영예를 얻지 못했을 것이고, 케인즈가 없었다면 인류는 대공황의 와중에서 확실한 해법을 얻지 못한 채 자본주의라는 경제 시스템을 잃게 되었을지도 모른다.

자본주의의 모순이 폭발하다

대공황

공황이라고 하면 흔히 '대공황 Great Depression'만을 떠올리기 쉽지만, 인류는 그동안 크고 작은 수많은 공황을 겪었다.

경제학에서는 국민경제 차원에서 상품이 부족해서가 아니라 너무 많아서 문제가 되는 기이한 상황을 '공황 Depression'이라고 한다. 자본주의 사회에서는 팔리지 않는 상품은 아무런 의미가 없다. 물건을 아무리 많이 만들었더라도 팔리지 않는다면 아예 생산을 하지 않았던 것만 못하게 된다. 공장의 창고와 상점의 진열대에 물건은 넘쳐나는데, 이를 구매할 사람이 존재하지 않는다면 기업은 무너질 수밖에 없다. 만약 이러한 현상이 개별 기업에만 한정되어 나타나는 것이 아니라 경제 전반에 걸쳐 발생한다면 심각한 사회적 문제가 된다. 공황이란 이처럼 과잉 공급된 물건이 정상적으로 소비되지 못하여 재화와 화폐 사이의 흐름이 갑작스럽게 중단되면서 경제가 돌연 붕괴하는 현상을 말한다. 그 결과 물리적으로는 여전히 유용한 각종 자본 및 자산의 가치가 파괴되고, 사회 전체적으로 자원이 낭비되며 다수의 실업자가 발생하게 된다. 공황은 사회경제를 뒷받침하던 정상적인 가치체계와 질서가 붕괴되는 현상이라는 점에서 시스템 자체의 안정성을 치명적으로 훼손하게 된다.

자본주의가 생긴 이래 인류가 경험한 가장 끔찍했던 공황은 1929년에 발생한 '대공황 Great Depression'이었다. '검은 목요일'이라 불리는 1929년 10월 24일에 폭락하기 시작한 주가는 급락을 거듭하여 1929년 10월 1일 870억 달러에 달했던 뉴욕증시의 주가

대공황을 배경으로 한 영화 〈초원의 빛〉과 〈분노의 포도〉

총액은 1933년에는 190억 달러로 줄어들기에 이르렀다. 그 과정에서 평생을 모은 재산이 물거품처럼 사라지는 것을 보고 있을 수밖에 없던 많은 투자자들은 마천루에서 뛰어내려 스스로 목숨을 끊기도 했다. 월스트리트에서 시작된 파문은 미국 경제 전체를 불황으로 몰아넣었을 뿐만 아니라 주요국의 증시 붕괴와 전례 없는 불황을 가져왔다. 은행은 파산했고, 농산물 가격은 폭락했으며, 공장은 문을 닫고, 해외 교역은 증발해버렸다. 미국에서만 5천여 개의 은행이 파산하고 9백만 명의 사람들이 예금을 잃어버렸다. 미국의 노동 인구 중 27퍼센트가 실업자로 전락했으며, 영국과 벨기에는 23퍼센트, 독일도 32퍼센트의 실업률을 기록했다. 다양한 형태의 궁핍이 확산되면서 야만과 타락이 사회의 안전과 문명을 위협하기 시작했다.

이제 70년이나 지난 옛이야기가 되었지만 시간의 힘을 견디고 살아남은 몇몇 문학 작품과 영화 속에서 대공황의 참담했던 현실을 엿볼 수 있다. 이 시대를 배경으로 한 영화 〈초원의 빛 Splendor in the Grass〉(1961)에서 부유한 집의 도련님으로 성장한 남자 주인공은 아버지가 대공황으로 전 재산을 잃고 자살을 하자 홀로 남은 어머니를 부양하기 위해 다니던 대학을 그만두고 차가운 거리로 나선다. 서부극으로 잘 알려져 있는 존 포드 John Ford, 1895~1973 감독이 존 스타인벡 John E. Steinbeck, 1902~1968 의 소설을 스크린으로 옮긴 〈분노의 포도 The Grapes of Wrath〉(1940) 역시 모래 바람으로 농토를 잃고 일자리를 찾아 미국 대륙을 횡단하는 한 가족의 고단한 삶을 통해 1930년대 암울한 공황기의 모습을 냉정하면서도 서정적으로 그려내고 있다. 대공황은 많은 사람들로 하여금 자신이 살고 있는 세상이 예측 가능하지 않을 뿐 아니라 안정적인 일자리가 언제나 보장되는 것은 아니라는 현실을 깨닫게 했다. 이 와중에 마르크스의 어두운 예언이 실현될 수도 있다는 우려가 널리 퍼졌다. 존 포드는 존 웨인 John Wayne, 1907~1979 과 더불어 헐리우드의 대표적인 '공화당원'으로 누구보다도 자본주의 시장경제를 옹호하고 개인의 책임을 중시하는 사람이었다. 그런 존 포드마저도 분노를 느낄 정도로 대공황은 평범한 사람들의 삶을 송두리째 파괴했으며 더 나아가 자본주의 체제의 정당성까지도 거세게 뒤흔들어 놓았다.

아무도 예측하지 못한 혼란이었기에 그 충격은 더 심했다. 대공황이 엄습하기 이전의 1920년대는 낙관의 시대였다. 사람들은 자동차·비행기·전기·라디오와 같은 새로운 기술 덕분에 호황만 계속되는 새로운 시대가 출현했다고 믿고, 어렵게 모은 돈을 아낌없이 주식에 투자했다. 심지어 은행에서 많은 돈을 빌려

주식을 산 사람들도 적지 않았다. 경제에 어둡고 합리적인 판단력이 떨어지는 일반사람들만 이렇게 생각한 것은 아니었다. 당시 미국 최고의 경제학자였던 어빙 피셔Irving Fisher, 1867~1947도 이 대열에 동참했다. 그는 1929년 가을, 한 일간지에 "주가가 항구적 고원에 도달했다"고 선언을 했을 뿐 아니라 자신이 재무처장으로 있던 예일대의 재산을 주식에 몰아넣었다. 그러나 얼마 지나지 않아 주식시장은 붕괴되었고, 이로 인해 피셔도 자신의 명성에 지울 수 없는 오점을 남기게 되었다.

∷ 어빙 피셔

일반인들에게는 잘 알려져 있지 않지만, 그는 금융시장과 공황에 관한 한, 케인즈와 더불어 당대의 가장 뛰어난 경제학자였다. 물가지수를 개발했고, 소비결정에 이자율이 미치는 중요성을 체계적으로 도입했다. 그리고 대공황의 뼈아픈 실수를 승화시켜, 차입에 과도하게 의존한 경제가 공황에 빠질 경우 물가하락이 경제를 악순환 속으로 몰아넣는 과정을 '부채 디플레이션' 이론으로 정립했다.

그렇다면 우리의 주인공인 케인즈와 하이에크도 근거 없는 낙관론에 빠져 있었을까? 이들은 낙관의 시대 속에서 대공황을 예언했다고 주장할 자격이 있는 예외적인 경제학자에 속한다. 1929년 하이에크는 심각한 경기 후퇴를 경고했다. 그는 1927년 미국의 중앙은행인 연방준비제도Federal Reserve System, 연준에 의해 시작된 확장적 통화 정책easy money policy이 호황을 인위적으로 연장시켰고, 이렇게 형성된 과잉자금이 증권과 부동산에 몰려 자산가격에 대대적인 거품이 생겼기 때문에 결국 경제 전반에 커다란 부작용이 발생하게 되리라고 예상했다. 케인즈는 이보다 조금

앞선 1928년 가을에 미 연준이 주식시장의 과열을 냉각시키려고 채택한 긴축적 통화 정책 dear money policy 을 보면서 이러한 정책이 가져올 위험을 경고한 바 있다. 저축이 풍부해 인플레이션의 징후가 없는데도 긴축 정책을 펼치는 것은 불필요하며 신규 투자를 억제함으로써 전반적인 사업 침체를 가져와 경기만 냉각시킬 위험이 있다는 것이었다. 다시 말해 케인즈와 하이에크는 공황의 원인에 대해서는 정반대의 관점을 제시했고 공황에 대해 언급한 시점도 조금은 달랐지만, 모두가 낙관론에 들떠 있었을 때 공황의 가능성을 경고한 예외적인 경제학자들이었다.

과잉생산 vs. 세이의 법칙
공황에 대한 논쟁

1930년 이전에도 공황의 문제는 경제학자들의 주요한 관심사였다. 이 문제는 경제학자들의 정체성과 관련된 것이기도 했다. 경제학의 역사는 '자본주의 경제에서 공황은 불가피한 것인가'라는 주제를 놓고 정통적 경제학 orthodox economics 과 이단적 경제학 heterodox economics 이 논리 대결을 펼친 과정이었다고 해도 과언이 아니다. 이단적 경제학의 대표자로는 자본주의의 본질적 모순 때문에 공황과 혁명이 불가피하다고 본 마르크스, '식량은 산술급수적으로 늘어나지만 인구는 기하급수적으로 늘어난다'는 인구법칙으로 잘 알려진 토머스 맬서스 그리고 장 드 시스몽디 Jean de Sismondi, 1773~1842 등을 들 수 있다. 이들은 자본주의 시스템의 경우 계속해서 늘어나는 산출물을 흡수할 충분한 구매력이 자동적으로 보장되지 못하므로, 산출물을 구매하는 데 필요한 소득을 뒷받침해주는 어떤 특별한 정책이나 장치가 없는 한 지속적인 성장은 불가능하다고 믿었다. 이것이 바로 '전반적 과잉생산^{general glut}'으로, 이후 전반적 과잉생산은 자본주의 경제에 대한 비관적 전망을 대표하는 개념으로 자리잡았다.

경제 이론의 정통과 이단을 가르는 기준이 된 세이의 법칙을 주장한 장밥티스트 세이

이 견해에 맞섰던 것이 '세이의 법칙^{Say's law}'이다. 프랑스의 경제학자 장밥티스트 세이^{Jean-Baptiste Say, 1767~1832}는 "생산물의 수요량은 생산량에 의해 결정되며, 생산물에 대한 수요는 생산물의 공급과 항상 일치한다"며 전반적 과잉생산은 틀렸다고 주장한다. 이를 압축적으로 표현한 것이 바로 "공급은 자신의 고유한 수요를 창출한다(Supply creates its own demand)"는 '세이의 법칙'으로, 이후 경제이론의 정통과 이단을 가르는 대표적인 기준이 된다. 이 법칙을 풀어 말하자면 "국민경제의 총산출과 고용은 경제 내에 존재하는 자원의 크기, 곧 생산 능력에 달려있으며, 중요한 것은 공급이지 수요가 아니"라는 것이다. 따라서 일시적으로 물건이 팔리지 않더라도 조만간 가격 기구의 자동 조정 기능 속에서 수요가 창출될 것이므로 내버려두는 것, 곧 자유방임주의^{laissez-faire}가 최선의 정책('Let it be' is the best policy)이 된다. 세이의 법칙이 옳다면, 일시적인 과잉생산이나 불균형은 존재할 수 있지만, 경제전반에 걸친 과잉생산이나 공황은 존재할 수 없다. 일시적인 불균형이 발생하면 금리

와 임금이라는 가격 변수가 사람들의 선호 변화를 반영하여 신축적으로 조정되고 이 과정에서 생산량도 수요에 맞게 조정될 것이기 때문이다.

경제학의 아버지라고 할 수 있는 애덤 스미스$^{Adam\ Smith,\ 1723~1790}$도 "개별 상인의 경우에는 재화의 과잉에 직면할 수 있지만 나라 전체의 경우에는 그렇지 않다"며 세이의 주장을 옹호했다. 애덤 스미스, 데이비드 리카도$^{David\ Ricardo,\ 1772~1823}$와 같이 '고전경제학자$^{classical\ economicst}$'로 불리는 경제학의 선구자들도 대부분 고용과 산출을 늘린다는 명분으로 정부가 개입하는 것은 일시적으로는 효과가 있을지 모르지만 결국에는 부작용만 낳는다는 입장을 공유했다.

대공황은
자연이 준 선물이다

케인즈와 하이에크의 예언대로 1920년대 말과 1930년대 초에 공황은 엄연한 현실로 다가왔다. 엄청난 규모로 일어난 대공황으로 수많은 사람들의 생활 기반이 잔인하게 파괴되었다. 이러한 상황에서 대공황의 현실을 인정하되, 고전학파의 자유방임 노선을 계승하려는 새로운 이론적 노력들이 하이에크와 슘페터에 의해 시도되었다.

하이에크는 신용이 발달한 경제에서는 호황과 불황이 잇달아 일어나는 경기 변동 현상이 일어나게 마련이며, 대공황도 같은 맥락에서 보아야 한다고 주장한다. 그가 주목하는 대공황의 근본 원인은 과잉투자였다. 신용과 투자 그리고 이윤이 서로를 강화하는 과정에서 호황과 불황이 번갈아 발생하게 마련이며 호황은 불황의 씨앗을, 불황은 호황의 씨앗을 품고 있다는 것이다. 하이에크에 따르면, 산출물이 변동하는 것은 단기 대출 금리가 가계의 저축과 기업의 투자를 일치시켜주는 자연이자율에서 벗어나기 때문이다. 은행이 자연이자율보다 낮은 수준으로 금리를 결정하면, 신용과 투자는 빠르게 증가하는 반면 가계는 저축을 줄이게 된다. 이 과정에서 투자 증가로 인해 미래의 산출량은 늘어나지만 저축은 감소한다. 이로 인해 미래의 소비는 줄어들고 그 결과 미래의 산출과 수요가 일치하지 않게 된다. 이러한 과잉 투자는 결국 설비 과잉을 초래하여 기업의 수익률을 떨어뜨린다. 수익률 하락을 목격한 은행은 신규 대출을 줄이고 기존 대출금마저 회수하며 금리가 상승하게 되는데 이에 따라 기업의 투자가 빠르게 줄어들고 불황이 찾아온다. 불황으로 기업이 도산

∷ 금리

금리란 안전 자산인 돈의 값(또는 가격)이라고 할 수 있다. 돈이 풍부해지면 금리는 떨어지고, 돈이 희소해지면 금리는 상승한다. 이때 안전 자산인 돈에 대한 수요는 미래의 경제 상황에 대한 기대와 긴밀하게 연결된다. 즉, 사람들이 미래의 경제 상황을 낙관적으로 기대해 안전자산인 돈보다 실물 자산을 선호하면 금리는 떨어지고, 반대로 사람들의 미래에 대한 기대가 비관적으로 변해 위험 자산인 실물 자산보다 안전 자산인 돈을 더 선호하면 금리는 올라간다. 한편 고전학파 경제학자들은 금리가 저축과도 밀접하게 연결된다고 생각했다. 저축이 늘어나면 대부 가능한 자금이 풍부해져 금리가 떨어진다는 것이다.

하거나 과잉설비가 정리되면, 이윤과 투자가 다시 늘어나면서 경제는 다시 호황 국면으로 진입하게 된다. 이때 중앙은행이 통화 정책을 통해 금리 상승을 인위적으로 억제하는 것은 저축과 투자의 균형을 막는다는 점에서 사태를 악화시킬 뿐이다. 호황 기간 중 수익성이 떨어지는 투자를 한 기업들의 퇴출을 유도함으로써 보다 생산적인 기업이 새롭게 등장하도록 허용하는 것이 경제의 신진대사를 위해서도 바람직하다.

케인즈, 하이에크와 더불어 20세기의 최고 경제학자 중 한 사람으로 평가받는 오스트리아의 또 다른 천재 경제학자 조지프 슘페터 Joseph A. Schumpeter, 1883~1950 도 이 점에 관한 한 하이에크와 같은 입장이었다. 그는 공황을 저지해야 할 악이 아니라 혁신 innovation 의 잠재력이 쇠퇴할 때 불가피하게 발생하는 '가랑비'와 같은 것으로 이해했다. 그에게 공황은 경제의 새로운 혁신을 위해 반드시 필요한 조정 수단이었다. '창조적 파괴' creative destruction 의 바람이 자유롭게 불도록 허용해야만 사멸하는 기업으로부터 새로운 영역으로 자본이 자유롭게 이동하고 이를 통해 미래의 생산성을 끌어올릴 수 있다는 것이다. 이 점에서 공황은 인체 내의 노폐물과 숙변을 제거해주는 '장 청소제'에 비유되기도 한다. 슘페터는 공황이 자본주의 사회를 붕괴시킨다는 견해는 단호하게 거부했지만, 자본주의가 장기적으로는 사회주의로 대체될 운명에 놓여있다고 믿었다. 이때 사회주의로의 이행을 이끄는 힘은 경제적 공황이 아니라 시장사회를 지탱해온 다양한 제도적·문화적 요인의 쇠퇴와 관련이 있다는 점에서 마르크스와는 생각이 크게 달랐다.

한편 하이에크와 슘페터의 관점은 '죄와 벌'의 논리로 변질되기도 했다. 은행과 기업이 각각 과잉유동성 제공과 과잉투자라는 '죄'를 범했다면 도산과 공황이라는 '벌'을 받는 것이 당연한 인과응보이며, 잘못에

대해 가혹한 징벌을 가해야만 동일하게 반복되는 실수를 막을 수 있다는 논리가 그것이다. 대공황 당시 경제학자나 정책 담당자들이 주로 채택했던 논리도 바로 이것이었다. 실효성 있는 정책을 통해 사태의 악화를 막아야만 한다는 여론이 많았음에도 미국의 후버^{Herbert Hoover, 재임 1929~1933} 대통령은 공황을 '자연이 준 선물'이라며 "불이 저절로 진화될 때까지" 기다릴 것을 고집했고, 결국 루스벨트^{Franklin D. Roosewelt, 재임 1933~1945}에게 정권을 내주고 만다.

공황의 원인을 다시 진단하다

유동성 선호

대공황은 역사상 최악의 경제적 사건이었다. 그러나 세계는 이 사건을 통해 케인즈라는 천재적인 경제학자를 만나게 된다. 그는 젊은 시절 『평화의 경제적 귀결^{The Economic}

Consequences of the Peace』(1919)이라는 책을 통해 연합국의 제1차 세계대전 배상안의 문제점을 통렬하게 비판해 세계의 주목을 받았다.

제1차 세계대전의 전후 문제 처리를 위해 열린 파리 강화회담에서 프랑스·영국·미국 등 승전국들은 따끔한 맛을 보여주어야 다시는 죄를 짓지 않을 것이라는 '죄와 벌'의 논리를 적용하여 독일에게 가혹한 배상금을 부과했다. 하지만 영국 대표단의 일원으로 회담에 참가한 케인즈는 훨씬 온건한 배상안을 주장했다. 승전국의 주장은 불난 집을 터는 것과 다를 바 없다는 점에서 비윤리적일 뿐 아니라 독일 국민들의 희망을 원천봉쇄함으로써 새로운 전쟁을 불러일으킬 가능성이 크다는 점에서 실리적으로도 옳지 않다고 판단했기 때문이다. 하지만 이 제안은 끝내 받아들여지지 않았고 결국 케인즈는 대표직을 사임한다. 그리고 케임브리지로 돌아와 신랄한 인물 묘사와 날카로운 통찰력이 빛나는 『평화의 경제적 귀결』을 세상에 내놓았다. 이 책은 연합국 측의 가혹한 배상 요구가 대단히 근시안적이고 위선적이며 무엇보다도 독일경제의 궁핍화를 가져와 유럽의 평화에도 치명적인 위협이 될 것이라는 내용을 담고 있다.

> 만일 우리가 중부유럽의 궁핍화를 고의적으로 의도한다면 보복이 곧 닥쳐 올 것이라고 예언할 수밖에 없다. 그 무엇으로도 반동세력과 혁명의 절망적 진동 사이에 일어나는 마지막 내란의 발발을 오랫동안 지연시킬 수는 없을 것이다. 그 내란은 최근 세계대전의 공포를 무색케 할 것이며, 누가 승

리하든 문명과 우리 세대의 진보를 파괴하고 말 것이다.

결국 가혹한 배상으로 시달리던 독일 국민들은 히틀러를 자신들의 지도자로 선택했고, 케인즈의 우려는 현실이 되고 말았다. 하지만 대다수의 영국인들이 패전국에 대한 가혹한 배상을 당연한 것으로 여기고 있는 상황에서 용기 있게 세상의 여론에 맞선 케인즈는 이 책으로 세계적인 저명인사로 부상했다. 그러나 그가 '자본주의를 구출한 위대한 경제학자'라는 명예를 얻게 된 결정적 계기는 대공황이었다. 그는 경제에는 장기적으로 균형을 회복하는 힘이 있으므로, 정부의 개입 없이 그냥 내버려 두어야 한다는 고전학파-하이에크-슘페터 등의 생각에 대단히 비판적이었다.

> 장기란 현재의 사태에 대한 잘못된 지침이다. 장기에는 우리 모두 죽는다. 경제학자가 장기를 이야기하는 것은 누군가가 폭풍우 치는 계절에 폭풍우는 결국 그칠 것이고 바다는 다시 고요해질 것이라고만 말하는 것과 다를 바 없다. 이렇게 말하는 것은 너무 쉬울 뿐 아니라, 사태 해결에 전혀 도움이 되지 않는다.
> 『화폐개혁론 A Tract on Monetary Reform』(1923)

그는 대공황의 여진이 남아 있던 1936년 『고용, 이자 그리고 화폐에 관한 일반 이론 The General Theory of Employment, Interest and Money』(이하 『일반 이론』)을 통해 '세이의 법칙'을 비판하고 대공황의 원인에 대한 자신만의 진단과 해법을 세상에 내놓는다. 공황은 한 사회가 자원을 흥청망청 탕진한 결과 감수해야만 하는 불가피한 징벌이 아니기에 '죄와 벌'의 교훈극으로 접근해서는 안 된다. 공황은 위험하기는 하지만 유능한 의사가 제대로 된 진단과 처방만 내린다면 얼마든지 치료할 수 있는 질병이라는 것이다. 공황의 원인 역시 과잉투자 및 이에 따른 과잉생산이 아니라 수요(케인즈 자신의 용어에 따르면 '유효수요effective demand')의 부족이라고 보았다. 즉, 케인즈의 입장에서 보자면 경제 내에 자본이 아무리 많고 사람들이 아무리 열심히 일하더라도 충분한 유효수요가 확보되지 않는 한 대량 실업과 공황은 결코 피할 수 없는 것이다.

그렇다면 수요가 부족해지는 이유는 무엇일까? 우선 민간 부문에서 수요란 가계가 생활을 위해 재화와 서비스를 구입하는 소비consumption와 기업이 미래의 이윤 획득을 위해 설비를 구입하는 투자investment로 구성된다는 점부터 확인해두자. 케인즈는 경제가 호황 상태에 놓여 있다가 갑작스럽게 공황으로 추락하는 이유를 장기 기대의 객관적 근거가 허약하다는 점과 이에 따라 기업가의 투자 의사 결정이 변덕스럽게 이루어진다는 점에서 찾는다. 기업가는 진정한 지식과 정보가 결여된 상태에서 의사 결정을 해야 하는데, 이러한 불확실성uncertainty의 상태에서 기업가의 투자는 주관적인 기대expectation*에 의존해 이루어질 수밖에 없으며, 기업가가 주관적으로 형성하는 미래의 사업 전망(케인즈 자신의 용어로는 '자본의 한계효율marginal efficiency of capital')이 일제히 비관적으로 돌아서면 투자가 크게 줄어들고 이것이 결국 공황으로 이어진다는 것이다.

한편 케인즈는 투자 감소에서 시작된 공황이 소비의 위축을 통해 더욱 심화된다고 생각했다. 투자재에 대한 수요가 축소되면 투자재 부문에 고용된 사람들의 소득이 줄어들고, 이는 다시 소비재 부문에 대한 수요 축소로 연결되어 경제 전반에 걸쳐 소비가 감소한다. 이때 가치의 저장 수단인 화폐는 가뜩이나 부족한 수요를 더욱 위축시킨다. 자신의 선택에 대해 확신을 갖지 못하거나 미래를 비관하는 상황에서 사람들은 현재의 구매 결정을 미래로 연기하기 때문이다. 케인즈는 이처럼 불황에서 재화나 서비스 대신 화폐에 대한 수요가 늘어나고 이에 따라 금리가 크게 올라가는 현상을 '유동성 선호 liquidity preference'라고 불렀다. 즉, 불확실성이 높은 상황에서 가장 확실한 자산인 '화폐에 대한 사랑'이 극단적으로 커지고 이것이 소비 둔화를 가져와 불황으로부터의 탈출을 가로막는다는 것이다.

이런 관점에서 보면 불황 또는 공황은 고전학파의 가르침과는

▪▪ 기대

'기대'란 불확실성의 상황에서 선택 및 행동의 기초가 되는 일련의 추측과 추정들을 통칭하는 개념이라고 할 수 있다. 케인즈와 하이에크, 두 사람을 모두 스승으로 두었던 영국의 경제학자 섀클(George L. S. Shackle, 1903~1992)은 기대에 대해 "단편적인 지식들만이 제공되며, 선택과 행동을 위해서는 이 분절적 지식들 사이의 무수히 많은 빈 공백을 채워야 하는 상황에서, 빈 공간을 채우고, 또 불충분하나마 이들 지식의 조각들을 짜 맞추어 통일적인 모자이크를 만들어내는 행위"라고 주장한다.

달리 무절제에 대한 징벌이 아니라 고리대에 대한 징벌인 셈이다. 『일반 이론』의 원제인 『고용, 이자 그리고 화폐의 일반 이론』이라는 제목은 이 문제에 대한 케인즈의 핵심적인 통찰을 압축적으로 담고 있다. 눈 밝은 독자라면 이 제목으로부터 '고용'이라고 하는 가장 인간적인 변수가 '이자'라고 하는 가장 비정한 변수에 의해 좌우되는 '화폐' 경제의 본질을 해명하는 '보편적인' 이론을 제시하겠다는 케인즈의 자부심을 읽어낼 수도 있을 것이다.

이 책에서 케인즈는 고전학파에서 전통적으로 제안하는 물가·금리·임금 등 가격 변수의 하락이 문제 해결의 열쇠가 될 수 없다는 점을 강조한다. 우선 생산물 가격의 하락은 사람들에게 추가적인 가격 하락을 예고하는 신호로 작용함으로써 '돈에 대한 사랑'만을 키운 채, 현재의 소비를 미래로 미루도록 한다. 가령 공황이 발생하기 전에 3만 원 하던 옷 한 벌의 가격이 2만 원으로 떨어졌다면, 다른 조건에 변화가 없는 한 옷을 살 생각이 없었던 사람들도 새로 옷을 구매하게 될 것이다. 하지만 옷값이 앞으로도 더 떨어지리라고 기대한다면, 가격이 떨어졌다고 해서 당장 옷을 사지 않을 것이며 오히려 소비를 미래로 더 미루려 할 것이다. 그리고 기업들도 가격 하락을 우려하게 되면 생산과 고용을 줄이려 할 것이다. 실제로 대공황 당시에는 가격이 하락했음에도 수요와 생산은 오히려 줄어들었고 불황의 골은 더욱 심화되었다.

더욱이 경제주체들의 빚이 과중할 경우 물가 하락은 채무 부담을 가중시켜 경기를 더욱 악화시킨다. 피셔가 말한 '부채 디플레이션'이 바로 여기에 해당한다. 채권자들의 빚 독촉에 시달리는 모든 차입자들이 빚을 갚기 위해 한꺼번에 보유 자산을 팔아 치우려고 나서면 부동산이나 주식 등 자산 가격이 폭락하고, 이러한 자산 가격의 폭락은 사람들의 부와 구매력을 떨어뜨려 부족한 수요를 더욱 위축시킨다는 것이다. 이 과정에서 산출과 거래 그리고 고용이 줄어들고 미래에 대한 비관적인 전망이 빠른 속도로 파급됨으로써 불황은 더욱 심화된다.

케인즈는 여기에 더해 저축이 늘어나면 금리가 하락해 줄어든 소비를 다시 늘려줄 뿐 아니라 투자를 늘려 불황을 종결지을 것이라는 고전학파의 주장 또한 이론적으로나 현실적으로 타당하지 않다고 주장한다. 금리를 결정하는 것은 저축과 투자가 아니라 화폐에 대한 수요와 공급이므로, 사람들이 실물 대신 화폐를 선호하는 상황에서는 저축이 늘어나더라도 금리는 오히려 상승할 가능성이 더 높기 때문이다. 설령 금리가 하락하더라도 미래의 사업 전망이 개선되지 않는 한 기업가들은 투자를 늘리려 하지 않는다.

한편, 대공황 당시 많은 경제학자들은 임금이 떨어지지 않았기 때문에(경제학 교과서에서는 명목임금의 하향 경직성이라고 한다) 불황이 장기화되었다고 보았다. 따라서 일자리 회복을 위해서도 임금 인하가 필요하며 이에 저항하는 노동조합을 불황의 주범으로 비난했다. 그러나 케인즈는 임금이 떨어지면 사람들의 소득과 구매력도 줄어들어 유효수요 또한 더욱 위축될 것이기 때문에 경기가 도리어 악화된다고 반론을 펼쳤다. 더욱이 노동 시장에서의 화폐 임금 인하가 생산물 시장에서의 물가 하락으로 연결되거나 금융 시장에서의 이자율 상승으로 연결된다면 실업은 오히려 확대될 수도 있기 때문이다.

구성의 모순과 케인즈의 해법 제3의 경제주체

케인즈의 주장처럼 수요가 부족해 공황이 발생한 것이라면 '검약보다는 소비가 미덕'이 된다. 그렇다면 공황을 극복하기 위해 국가적으로 경제를 살리자는 운동을 벌일 필요도 있을 것이다. IMF 금융위기 시절 우리나라에서도 연속극에 나오는 극중 인물의 대사를 빌려 "경기가 어려울수록 시장에서 물건 값 깎지 말고 지갑을 아낌없이 열어야 한다"는 국민 계몽이 있었고 '금모으기 운동'이 뜨거운 호응을 얻기도 했다. 하지만 케인즈는 이와 같은 캠페인이나 교육에 의해 소비를 늘리는 것은 불가능하다고 보았다. '구성의 모순fallacy of composition' 때문이다. 구성의 모순이란 개별적 차원에서 이루어진 최선의 선택이 전체의 차원에서는 사태를 악화시키는 경우를 지칭한다. 가령, 경기가 나빠 회사가 급여를 삭감하는 상황을 생각해보자. 사태가 개선될 조짐이 없다면, 개인적 차원에서는 저축을 늘려 미래의 불확실성에 대비하는 것이 바람직한 대응책이 된다. 그러나 다른 사람들도 동일한 선택을 한다면, 경제 전체적으로 소비가 크게 줄어들고, 내가 고용된 회사 제품에 대한 수요 또한 크게 감소할 것이다. 이러한 회사가 고용을 줄이는 방식으로 대응하거나 아예 도산하는 최악의 사태가 일어날 수도 있다. 이처럼 개별적 차원에서 이루어진 최선의 선택이 전체의 차원에서는 사태를 악화시키는 상황을 '구성의 모순'이라고 한다.

구성의 모순이 일어나는 상황에서는 개별 주체들의 자발적인 선택으로부터 전체적으로 바람직한 결과가 도출되기를 기대하기가 매우 어렵다. 특히 문제가 되는 것은 개별 경제주체의 입장에서는 저축을 늘리는 것이 합리적인 선택일뿐더러 불가피한 선택일 수밖에 없다는 점이다. 즉 불황의 상황에서는 각자가 저축이 나쁘고 소비가 미덕이라는 점을 충분히 알고 있더라도 소비를 늘리는 선택을 할 수 없다. 내가 저축을 줄이고 소비를 늘리더라도 다른 모든 사람들이 저축을 늘린다면 나의 상태는 더욱 악화될 것이기 때문이다.

따라서 공황으로부터 경제를 구출하려면 구성의 모순으로부터 자유로운 제3의 경제주체의 역할이 무엇보다 중요하다. 제3의 경제주체란 바로 정부를 뜻한다. 민간으로부터의 수요 증대를 기대할 수 없는 상황에서 정부가 채택할 수 있는 수요 증대의 방안은 크게 두 가지다. 하나는 중앙은행이 금융 완화를 통해 단기 금리를 인하하는 것이다. 그러나 사람들의 유동성 선호가 높은 상황에서는 단기 금리를 인하하더라도 기업가의 투자 의사 결정에 영향을 미치는 장기 금리의 인하로는 이어지지 않을 가능성이 있다. 나아가 장기 금리가 인하되더라도 기업가의 사업 전망이 낙관적인 방향으로 개선되지 않는 한 투자는 늘어나지 못할 수도 있다.

이러한 점을 염두에 둔 케인즈는 정부의 직접적인 수요 증대 정책이라고 할 수 있는 재정 정책 fiscal policy 을 제안한다. 즉, 정부가 국·공채 발행을 통해 자금을 확보하고 이 자금을 각종 공공 투자에 사용함으로써 유효수요를 늘려야 한다는 것이다. 그는 다음과 같은 극단적인 사례를 들면서까지 정부 지출의 필요성을 역설한다.

> 재무성이 몇 개의 낡은 병에 지폐를 채워 폐광에 적당한 깊이로 묻고 탄갱을 지면까지 쓰레기로 채워 넣은 후, 수많은 시련을 이겨낸 '자유방임'의 원칙에 입각해 개인 기업들로 하여금 그 지폐를 다시 파내게 한다면, 실업은 사라질 것이다. 또한 그 파급 효과에 의해 한 사회의 실질 소득과 그 자본의 부도 크게 늘어날 것이다. 물론 주택 같은 것을 건설하는 것이 더 현명하겠지만, 거기에 정치적 또는 실질적 어려움이 있다면, 아무것도 하지 않는 것보다는 훨씬 나을 것이다.
>
> 『일반 이론』

영국과 미국 등 대공황에 시달리던 선진국 경제는 케인즈의 처방을 적극적으로 수용하면서 끝이 보이지 않던 불황의 터널에서 빠져나올 수 있었다. 그럼에도 하이에크는 계속해서 이를 공격해 동료이자 친구인 로빈스로부터 다음과 같은 비난을 받기도 한다.

얼음처럼 차가운 연못에 빠진 술 취한 사람에게 애초의 증상이 고열이었다는 이유로 담요와 술을 주어서는 안 된다고 주장하는 것은 잘못이다. 자유방임을 끝까지 고집한 것은 학자로서의 하이에크의 일생에서 가장 큰 실수였다.

분명한 것은 케인즈의 처방과 더불어 자본주의는 최악의 시기를 견딜 수 있었으며, 제2차 세계대전 이후에는 역사상 유례없는 황금기를 누렸다는 사실이다.

만남 3

하이에크,
시장을 옹호하다

**애덤 스미스와
'보이지 않는 손'**

자본주의 경제의 핵심은 시장이다. 그동안 시장의 본질, 시장의 장점, 시장의 문제점, 시장과 사회의 관계 등을 둘러싸고 여러 담론들이 나왔다. 그리고 시간의 무게를 견디며 살아남은 이론들이 쌓이면서 오늘날의 경제학이 생겨났다는 점에서 시장을 둘러싼 다양한 논의들 그 자체가 경제학이라는 '나무'의 나이테를 이루고 있다고 해도 과언이 아니다.

시장에 대해 처음으로 체계적인 이론을 전개한 사람은 '경제학의 아버지'라 불리는 애덤 스미스이다. 그가 『국부론An Inquiry into the Nature and Causes of the Wealth of Nations』(1776)을 통해 강조한 것이 바로 시장의 중요성이었다.

스미스에게 시장이란 '사회적 분업social division of labor'을 의미한다. 사회적 분업이란 자급자족 또는 전업에 대립되는 것으로, 직업의 분화에 상응하는 개념이다. 쉽게 말하자면, 공동체 속에 존재하는 개인이 여러 가지 일을 한꺼번에 수행하던 상황에서 벗어나 자신이 가장 잘할 수 있는 한 가지 일을 전담하게 되는 상황을 의미한다. 한 사람이 한 가지 일만을 전담하게 되면 자연스럽게 잉여 생산물이 발생한다. 가령 제빵사가 자신과 가족을 위해 필요한 빵은 10개이지만 분업으로 생긴 여유 시간을 이용해 50개 혹은 100개의 빵을 만들었다고 하자. 이렇게 만들어진 잉여 생산물을 다른 사람의 잉여 생산물과 교환하게 된다. 이 교환이 규칙적이고 정기적으로 이루어지는 장소가 바로 시장 또는 장터이다. 사회적 분업은 결국 시장 교환을 위한 생산으로 연결된다. 이처럼 잉여 생산물과 시장이 생겨나면 생산의 목적에도 변화가 일어난다. 과거 공동체 속에서 살아가던 개인의 생산활동 목적이 자신 및 사회의 생존에 있었다면, 이제는 보다 많은 이윤을 획득하는 것, 곧 돈벌이가 생산의 목적이 되기 때문이다.

  사회적 분업, 곧 시장 교환을 위한 생산은 생산자들에게는 기회이자 위기가 된다. 다른 사람들보다 양질의 제품을 값싸게 제공할 수만 있다면 과거에는 꿈꿀 수 없었던 큰 돈을 벌 수 있기 때문이다. 한편 시장 교환의 규모가 커질수록 경쟁에서 낙오되는 사람들이 생겨나게 마련이고 이들은 생존 자체를 위협받게 된다. 사회적 분업이 확대되고 시장 교환이 심화될수록 생산자들은 예전에 비해 보다 열심히 일할 유인 incentive 과 압력 pressure 을 동시에 받는다. 누가 일하라고 하지 않아도 이해득실이 개인의 노력에 달려있는 한, 사람들은 스스로 일하는 시간을 늘리게 될 것이고, 이는 곧 생산의 증가로 이어진다. 따라서 국가의 부를 늘리고자 한다면, 경제활동의 더 많은 부분이 시장을 중심으로 운영되도록 해야 한다는 것이 스미스의 교훈이다. 그는 이러한 시장 교환이 사람들의 본성에도 부합한다고 믿었다.

한편 스미스는 시장이 발달하려면 무엇보다도 사유재산권 및 경쟁 원리를 철저하게 보장해야 한다고 생각했다. 자신의 능력과 노력, 운에 의해 획득한 부와 재산을 부당하게 빼앗기지 않는다는 보장이 있을 때에만 사람들은 경제활동에 최선을 다할 것이기 때문이다. 그는 국가가 사유재산권과 경쟁 원리만 철저하게 보장하고 나머지는 경제주체들에게 일임하면 가격 기구가 '보이지 않는 손invisible hand'이 될 수 있다고 믿었다. 가격 기구가 신호등의 역할을 담당함으로써 사회의 필요와 생산을 일치시키면서 가장 바람직한 자원 배분이 이루어질 수 있다는 것이다.

> 우리가 식사를 할 수 있는 것은 정육점 주인·양조장 주인·빵집 주인의 자비심 때문이 아니라 자기 자신의 이익에 대한 그들의 관심 때문이다. 우리는 인간성에 호소하지 않고 그들의 이기심에 호소하며, 그들에게 우리 자신의 필요 대신 그들의 이익을 이야기한다. 거지를 제외한다면, 어느 누구도 동료의 자비에 전적으로 의지하지 않으려 한다.
>
> 애덤 스미스, 「국부론」(1776)

사실 그는 공공의 이익을 증진하려고 의도한 것도 아니며 그가 얼마나 기여하는지도 알지 못한다. 그가 해외 산업보다 국내 산업의 지원을 선호한 것은 자신의 이득을 의도했기 때문이다. 그는 이처럼 '보이지 않는 손'에 이끌려 자신이 전혀 의도하지 않은 목적을 달성하게 된다. 그는 자신의 이익을 추구함으로써 종종 그 자신이 진실로 사회의 이익을 증진하려고 의도하는 경우보다 더욱 효과적으로 이를 달성한다.

애덤 스미스, 『국부론』(1776)

스미스는 시장경제 또는 자본주의 경제를 인류가 발견한 최선의 경제 시스템이라고 보았다. 개인들이 자신의 이익만을 추구하려 한다면 대부분의 경우 각자의 이해관계가 충돌하면서 갈등만이 빚어질 테지만, 이러한 자기 이익의 추구가 일단 시장이라는 공간에서 행해지기만 한다면 정부나 사회 전체의 계획과 같은 '보이는 손'이 존재하지 않더라도 개인의 이익은 물론 사회 전체의 이익도 함께 구현될 수 있다는 것이다. 그러나 여기서 스미스는 '보이지 않는 손'의 전제조건으로 '공감sympathy'의 중요성도 함께 강조했다는 점을 놓쳐서는 안 된다. 더 많은 이익을 얻기 위해 최선을 다하되, 내가 상대방의 처지에 놓이더라도 공감할 수 있는 방식으로 최선을 다해야 한다. 쉽게 말하자면 반칙하지 말고 규칙을 지키며 경쟁해야만 개인은 물론 사회 전체의 이익도 극대화될 수 있다는 것이다. 규칙의 중요성은 이후 하이에크에 의해 보다 강조된다.

사회주의 계산 논쟁과 '자생적 질서'

애덤 스미스의 시장에 대한 통찰은 이후 고전학파 경제학으로 발전했으며, 그의 뒤를 이은 많은 경제학자들이 자신들의 재능과 시간을 아낌없이 투자하여 그의 주장을 세련되게 다듬었다. 이중에는 하이에크의 스승인 미제스도 있었다. 그는 "역사가 우리 시대를 이야기한다면, 그 장은 '사회주의 시대'로 기록될 것"이라며 사회주의의 이념적·지적 영향력을 높게 평가했다. 하지만 시장이 존재하지 않는 사회주의 경제체제에서는 자원 배분의 통로인 가격도 존재할 수 없고, 따라서 시장경제와 같은 경제적 성과를 달성할 수 없다는 것이 그의 입장이었다. 미제스의 이러한 문제 제기에 대해 오스카르 랑게[Oskar R. Lange, 1904~1965]등 당대의 저명한 사회주의 경제학자들이 반론을 제기하면서 '사회주의 계산 논쟁'이 본격화되었다.

이들은 주식 시장의 경매인[auctioneer]이 담당하던 역할에 주목했다. 예전의 주식 시장에서는 경매인이 사자 주문과 팔자 주문을 모아 가격을 제시하면 수요와 공급량이 변동했다. 경매인은 초과수요가 있으면 가격을 올리고, 공급이 수요를 초과하면 가격을 내렸다. 이러한 과정을 되풀이하는 가운데 결국 균형 가격에 도달할 수 있었다. 미제스를 반박하는 사람들은 사회주의 경제에서는 중앙계획당국을 경제 전체의 경매인으로 볼 수 있으며, 중앙계획당국의 활동을 통해 시장경제와 마찬가지로 균형 가격을 얻을 수 있다는 주장을 펼쳤다. 하지만 이에 대한 재반론도 제기되었다. 경제 계산이 이루어지려면 수많은 방정식을 풀어야 하는데 이것은 현실적으로 불가능하다는 것이다. 그러나 이론적으로는 초고성능 컴퓨터를 사용한다면 아무리 복잡한 방정식이라도 계산이 결코 불가능한 것은 아니라는 점에서, 이 재반론은 사회주의 경제에 대한 통렬한 비판으로 보기는 어렵다는 것이 학자들의 대체적인 관전평이었다.

스미스 이후 시장을 가장 설득력 있게 옹호한 경제학자로 평가받는 하이에크의 이론은 이 논쟁과 긴밀히 연결되어 있다. 그는 '불완전한 인간'과 '제한적인 지식'이라는 색다른 논점을 가지고 이 논쟁에 개입했다. 그는 시장에서 생활하고 행동하는 가장 중요한 구성단위이자 의사 결정의 주체는 개인이며, 이 개인은 자신의 주변에 대한 '제한된' 지식만을 가지고 행동하는 존재라고 이해했다. 이는 정치가든 경제학자든, 어떠한 개인도 사회 전체를 전망할 수는 없음을 뜻한다.

> 우리가 이용해야만 하는 각종 사정에 대한 지식은 집중되거나 통합된 형태로는 결코 존재하지 않는다. 단지 개별적인 개인이 소유한 불완전하고 서로 모순되는 지식들이 분산된 조각으로만 존재하는 것이다.
>
> 하이에크, 『사회에서 지식의 용도 The Use of Knowledge in Society』(1945)

이 점에서 개인은 눈가리개를 두른 말과 같은 존재로, 눈가리개를 넘어 보이는 제한된 정경은 이해할 수 있어도, 그것을 뛰어넘는 상황에 대해서는 알 수 없다. 결국 각 개인은 아주 불확실한 상황 아래에서 활동하고 있을 뿐이다. 요컨대 하이에크는 인간이 비합리적인 존재라는 사실을 냉철하게 인정할 때 비로소 '진정한 개인주의'도 가능하다고 보았다.

> 인간은 합리적이고 총명한 존재가 아니다. 오히려 아주 비합리적이고 오류에 빠지기 쉬운 존재다. 각각의 오류들은 사회적 과정 속에서만 정정될 수 있다. 우리의 접근은 극히 불완전한 소재를 가장 유효하게 활용할 것을 지향하는 반합리주의적 접근이라고 할 수 있다.
>
> 하이에크, 『개인주의: 진실과 거짓Individualism: True and False』(1945)

이러한 인간관은 벤담의 '공리주의'나 루소Jean-Jacques Rousseau, 1712~1778의 '사회계약론', 나아가 롤스John Rawls, 1921~2002•의 '정의론'이 상정하는 개인상과는 아주 다르다. 공리주의는 개인을 '쾌락'과 '고통'의 산술적 계산을 바탕으로 의사 결정을 하는 합리적인 존재로 본다. 한편 사회계약론은 가상의 '자연적인' 원시 상태를 상정하고 그곳에서 각 개인들이 맺는 계약을 사회의 출발점으로 설정한다. 하이에크는 사회에서 행동하는 개인을 '관념론적·합리주의적'으로 포착하는 벤담이나 루소와 달리, 자신은 개인을 극히 실제적인 존재로 이해한다고 자부한다.

한편, 하이에크가 여기에서 문제로 삼는 지식이란 '과학적 지식'이 아니라 '때와 장소의 특수한 상황에 대한 지식'이며, 각자의 직업을 통해 경험적으로 체득해가는 '현장에 있는 사람의 지식'이라는 점에 주목할 필요가 있다. 언어에 의해 정식화될 수 없고, 통계로도 포착되지 않기 때문에 경제학자들이 무시하지만 현장의 개인들이 의사 결정을 하는 데 중요한 근거로 삼는 것들은 바로 이러한 지식이다. '현장에 있는 사람의 지식'이 갖는 특징은 미세한 변화를 끊임없이 반영한다는 점에 있다. 이 변화에 사회가 신속하게 적응하기 위한 유일한 방법은 이 사정을 가장 잘 알고 있는 각 개인에게 문제의 해결을 맡기는 것이다.

이처럼 불완전한 인간과 제한적인 지식을 전제할 경우, 시장과 계획경제의 성과는 크게 다를 수밖에 없다. 사람들 사이에 주고받는 지식이 어떤 오해도 일으키지 않을 정도로 명확한 의미를 갖는다면 상의하달의 지휘·명령 계통은 합리적인 정보 전달 수단이 되며, 사회주의 계획경제도 효율적인 자원 배분이 가능할 것이다. 그러나 지식이 객관적 정보가 되는 세계는 실제로 존재할 수 없을 뿐만 아니라 경제적 의사 결정에서는 계산 가격으로는 담아낼 수 없는 사람들의 복잡하고도 미묘한 선호가 훨씬 중요한 역할을 한다. 계획경제에서는 우유는 몇천 톤, 신발은 몇만 켤레를 생산하라는 중앙당국의 지령에 따라 생산이 실행된다. 그런데 이때의 지령은 객관적인 '정보'로서의 지시일 수밖에 없다. 같은 신발이라도 질과 취향이라는 점에서 천차만별이므로 '최근 젊은이들이 좋아할 신발을'이라는 식으로 명령을 내릴 수는 없다. 이러한

:: 롤스

미국의 철학자. 롤스는 주로 사회 구성원 간의 이익 충돌 및 갈등을 제도적으로 해결하는 데 관심을 가졌다. 특히 공리주의로는 사회 갈등의 해결이 불가능하다고 보고, 그것을 대체하기 위해 사회계약론을 새롭게 변형시킨 새로운 정의론을 전개했다. 특히 대표 저서 『정의론 A Theory of Justice』(1971)을 통해, 정의로운 사회를 위해서는 개인의 '차이', 사회경제적 불평등을 인정하는 것이 필요하다는 대담한 주장으로 많은 도전을 받았다.

상황에서 생산자와 소비자들은 당국으로부터 받은 계산 가격에 기계적으로만 반응하므로, 개인의 창의에서 비롯되는 효율성도 결코 기대할 수 없다. 하이에크에 의하면 시장경제의 존재 이유는 이처럼 객관적인 정보로는 환원될 수 없지만 경제를 한층 풍요롭게 해주는 지식들을 발굴하고 교환하며 사회 전체로 확산시켜가는 데 있다.

오스트리아 태생인 하이에크는 시장을 각 개인들의 의도하지 않은 행위들에 의해 생겨나고 진화해가는 사회제도라고 생각했다. 이는 멩거와 미제스로 대표되는 오스트리아학파를 계승한 것이다. 그에게 시장은 개인들로 하여금 자유와 정의를 충분히 누릴 수 있도록 해주는 공간이다. 또한 시장은 자의적이거나 특수한 명령에 의한 강제가 아니라 '추상적 원리의 강제'에 의거해 자원을 배분하는 시스템이며 경제적 자유를 보장하는 유일한 제도라는 점에서 인류가 도달할 수 있는 최선의 사회 형태라고 할 수 있다. 제한된 지식만을 가지며 비합리적일 뿐 아니라 오류에 빠지기도 쉬운 개인들이 모여서 만들었는데도 질서가 있는 공간이 바로 시장이다. 이 점에서 시장은 화폐·언어·도시 등과 마찬가지로, 개인들의 의도하지 않은 행동의 결과로 출현한 '자생적 질서$^{spontaneous\ order}$'의 하나가 된다. 다시 말해 시장은 오랜 세월에 걸쳐 여러 개인들의 적극적인 상호 작용 속에서 형성되었지만, 어떠한 개인의 지혜나 의도로부터도 독립해$^{the\ result\ of\ Human\ Action\ but\ not\ of\ Human\ Design}$ 일정한 질서를 구축한다는 것이다. 시장이라는 회전의^{gyroscope}는 개인이나 집단의 사전 계획 없이도 인간 활동을 조직하며 사회에 자연적 안정을 제공한다. 그러므로 시장의 자생적 질서를 계획이나 정책을 통해 바꾸려는 것은 인간의 '치명적 오만'으로, 사태를 오히려 악화시킬 뿐이라는 게 하이에크의 생각이었다.

**가격 시스템,
시장경제의 정보 전달 수단**   하이에크에 따르면, 시장이 제한된 지식만을 가지고 있는 개인들을 연결시킴으로써 하나의 '질서'로 신뢰받는 제도가 될 수 있었던 것은 '가격 시스템' 덕분이다. 개인들이 경제적 의사 결정을 하는데 기준이 되는 두 가지 요소가 있는데, 하나는 오랜 기간에 걸쳐 몸에 밴 '현장인의 지식'이고, 다른 하나는 '가격 시스템'이 제공하는 추가적인 지식과 정보이다. 현장인이 경제 시스템의 변화 패턴에 부합되는 의사 결정을 수행하려면 주변의 사실을 뛰어넘는 정보를 필요로 하는데, 이러한 정보를 전달 또는 제공하는 것이 바로 '가격 시스템'이다.

> 연관된 각종 사실에 대한 지식이 여러 사람들 사이에 분산되어 있는 시스템에서는 다양한 개인들의 상이한 행동을 조정하는 역할을 가격이 담당한다. 어떤 상품에 대해서도 하나의 가격만 성립한다는 단순한 사실이야말로 이 과정에 연루된 모든 사람들 사이에 흩어져 존재하는 정보들을 유일한 한 사람이 모두 소유함으로써 달성할 수 있는 것과 같은 해법을 제공한다.
>
> 『사회에서 지식의 용도』

가격 기구가 정보와 지식을 계속해서 전파하면, 경제의 구성원들은 이를 통해 시시각각 발생하는 경제적 상황의 변화를 포착하게 되며 그 변화에 대응하여 자신의 행동을 조정해간다. 지식을 전달·전파함으로써 불완전한 정보와 지식밖에 가지고 있지 않은 각 개인을 사회적으로 결합시키는 것, 이것이 바로 하이에크가 생각하는 '가격 시스템'이다. 한 사회의 경제적 문제란 "특정 개인에게 부분적으로만 제공되는 지식을 어떻게 사회의 전체 구성원들이 최선의 용도로 활용할 수 있도록 할 것인가의 문제"인데, 이에 대한 해결책이 바로 시장의 가격 기구라는 것이다.

그렇다면 시장에서 '경쟁'이 담당하는 기능을 하이에크는 어떻게 이해했을까? 하이에크는 시장에서 일어나는 경쟁이란 '예측 불가능한 변화'에 생산자들이 적응해가는 과정이자 의견이 형성되는 과정이라고 생각했다. 경쟁은 무엇이 가장 우수하고 가장 저렴한가에 대한 사람들의 견해를 만들어내 새로운 가능성과 기회를 알린다. 가격 기구가 정보 전달의 기능을 원활하게 수행하려면 경쟁은 필수적이다. 경쟁이 있으면 예측 불가능한 변화가 일어나고, 이에 대응하여 각각의 개인들은 새로운 의사 결정을 하게 되는데, 이때 예측 불가능한 변화는 가격의 변화라는 형태로 전파된다. 즉, 가격 기구는 경쟁이라는 원동력moving forces이 있을 때 비로소 정보 전달 시스템으로서 기능하게 된다.

하이에크는 시장을 가능한 한 '순수한' 형태로 실현·유지시켜야 하며 사회의 보다 많은 영역이 시장에 의해 움직이도록 해야 한다고 믿었다. 그가 시장경제를 옹호하는 이유는 결국 두 가지로 요약된다. 하나는 경제적 이유로, 가격 기구가 갖는 '정보 전달' 수단으로서의 경제성이다. 시장은 경제주체들로 하여금 여타 자원 배분 기구에 비해 훨씬 더 적은 지식과 정보로도 올바른 선택을 할 수 있게 도와줄 뿐 아니라 변화에 재빠르게 대응하도록 해주는 큰 장점을 가지고 있다는 것이다. 다른 하나는 사회철학적 이유인데, 시장은 분업에 기초해 각자의 재능과 의사에 따라 직업을 선택할 수 있도록 함으로써 자유를 보장하는 시스템이기도 하다는 것이다.

**경제활동은
카탈락시 게임이다** 경쟁의 정의justice of competition 하이에크는 시장을 자원 배분의 효율성이라는 측면에서만 정당화하지는 않았다. 그는 시장이 '정의justice'라는 관점에서도 다른 어떤 제도보다 우월하다고 생각했다. 그는 정의의 문제를 절차의 공정성, 경쟁의 공정성이라는 측면에서 접근했다. 하이에크의 이러한 문제의식은 '경쟁의 정의justice of competition'로 표현된다. 그가 생각하는 시장에서의 정의 또는 경쟁의 정의란 경쟁의 결과가 아니라 경쟁이 행해지는 방법과 관련되어 있다.

스미스는 인간의 생활이 운^{chance}과 기^{skill}에 의해 결정되는 게임과 비슷한 것이라고 보았다. 하이에크도 경제활동을 '카탈락시 게임^{game of catallaxy}*'이라고 부르며, 이 경기에 참가하는 선수들은 기능·지식·목적이라는 측면에서 모두 다르지만 누구든 게임의 규칙에 따라야만 한다는 점을 강조했다. 게임이 공정하게 행해지는 한 그 결과는 기량과 운에 의해 결정되게 마련이다. 게임에서의 규칙과 마찬가지로 정의는 모든 사람을 평등하게 대우한다. 즉 모든 사람들을 동일한 규칙으로 평등하게 대우한다면 정의가 관철된다는 것이다.

이와 반대로, 게임의 결과를 바꾸려 한다거나 결과의 평등을 요구하는 것은 비도덕적이며 정의에 어긋나게 된다. 하이에크는 시장에서 요구되는 평등의 개념은 '기회의 평등' 또는 '출발점의 평등'일 뿐이며, 이것만이 시장의 중요한 규칙이 되어야 한다고 생각했다. 이러한 입장에서 보면, 시장의 결과를 '분배의 정의'의 이름으로 수정하는 것은 수혜자와 그렇지 못한 사람들 사이의 격차를 확대하며 이익집단에 이용되는 결과만을 가져올 뿐이

▪▪ 카탈락시
하이에크가 시장경제를 설명하기 위해 사용한 개념. 하이에크는 기존의 '이코노미(economy)'라는 용어를 가정 내 경제와 같이 단일한 목적 체계에서의 자원 배분을 의미하는 것으로 정의했고, 서로 다른 가치 체계를 가진 개인들이 공존하는 체제로 보아야 한다는 점에서 시장경제를 '카탈락시'라고 불렀다.

고, 정작 도움이 필요한 사람들에게는 그 혜택이 돌아가지 못할 가능성이 높다.

시장에서의 경쟁은 출발점에서는 그 결과를 알 수 없는 불확실한 게임이다. 그럼에도 사람들이 경쟁에 기꺼이 나설 수 있는 것은 경쟁에서 승리함으로써 이익을 얻으리라는 기대와 함께 이 게임이 공정하게 진행되리라는 믿음이 있기 때문이다. 이 점에서 절차의 공정성, 출발점에서의 평등은 제대로 된 시장경쟁의 성패를 가르는 결정적인 조건이라고 할 수 있다. 그러나 우리나라에는 아직도 이들 조건이 제대로 뿌리를 내리지 못한 것으로 보인다. 우리사회의 경우, 비정규직·중소기업·영세자영업자 등 사회적 약자에게는 너무 적은 권리에도 너무 많은 책임이 지워지는 반면, 공공 부문·대기업·대주주·재벌총수 등 사회적 강자에게는 너무 적은 책임에도 너무 많은 권리가 보장되는 것이 현실임을 부인하기가 쉽지 않기 때문이다. 같은 일을 담당하는데도 비정규직이라는 이유로 정규직에 비해 훨씬 적은 보수를 받거나 힘의 우위를 이용해 협력업체의 납품 단가를 지나칠 정도로 인하하는 일은 우리 사회의 일상적인 모습이다. 이처럼 권리와 책임이 제대로 부응하지 않거나 각 집단 사이에 현저하게 힘의 차이가 있게 된 데에는 여러 원인이 있겠지만, 시장에서의 경쟁이 공정하게 진행되지 않은 것도 주요한 원인 중 하나라고 할 수 있다. 이러한 상황에서 국민들에게 규칙을 지키며 시장경쟁을 벌이라고 하는 요구는 공염불에 그칠 가능성이 높다. 경쟁의 규칙이 공정하다는 확신이 있고, 경쟁에서 일단 낙오되더라도 다시 도전할 기회가 있으리라는 확신이 있을 때, 비로소 사람들은 기꺼이 시장경쟁에 적극적으로 나설 수 있게 될 것이다.

하이에크의 견해는 시장에 대한 일급의 옹호라고 볼 수 있다. 그러나 '시장은 좋은 것'이라는 선험적 가치판단 위에 이상적인 모습만을 제시하고 있다는 점에서 시야가 편협하다는 비판을 받을 가능성이 높다. '구성주의적 합리주의'를 비판할 때 사용했던 논리가 하이에크 자신에게도 그대로 적용된다. 이것은 거대 기업·사업자단체·노조·정부·대기업 집단·비영리 민간단체 등 '현실의' 시장사회에 존재하는 중요한 요소들이 자의적으로 빠져 있다는 점과 긴밀히 연결된다. 하이에크는 이들 조직을 시장을 오염시키는 일종의 불순물로 취급한다. 이처럼 이상화된 시장을 상정해놓고 이 기준과 일치하지 않으면 '자유로부터의 일탈'이라거나 '노예의 길'이라고 주장하는 것은 현실의 시장을 포착하겠다는 애초의 의도와 맞지 않는다. 이는 현실주의를 강조하면서 출발했던 하이에크의 시장사회론이 실제로는 관념론의 색채를 띠고 있다는 단적인 증거라고 할 수 있다. '현실의' 시장에서 나타나는 중요한 현상들을 있는 그대로 '현실주의적'으로 포착하는 방식으로 시장을 고찰하려는 하이에크의 생각은 오히려 그의 반대편에 서 있는 케인즈와 소스타인 베블런^{Thorstein B. Veblen, 1857~1929}에 의해 채택되었다.

슘페터의 '창조적 파괴' 하이에크와 더불어 시장에 대한 통찰을 보여 준 또 다른 거인인 슘페터는 고대로부터 현대에 걸쳐 경제학과 경제사에 대한 방대하고도 정밀한 지식을 가졌던 르네상스적 지식인이었다. 그는 이러한 지식들을 재료 삼아 자신만의 독특한 관점과 비전에 근거해 다른 경제학자들과 차별화되는 새로운 경제이론을 제시한 창의적인 인물이기도 했다. 그의 대표적인 관심사는 경제변동을 본질로 하는 자본주의 시장경제를 설명할 새로운 이론을 만들어내고 이를 실증적으로도 입증하는 것이었다. 무엇보다도 그는 시장경제의 본질이 '창조적 파괴 constructive destruction'를 통한 불연속적인 진화 과정이라고 생각했다.

> 낡은 것을 파괴하고 새로운 것을 창조해 '내부로부터' 경제 구조를 끊임없이 혁명화하는 산업상의 돌연변이 과정, 곧 '창조적 파괴'의 과정이야말로 자본주의의 본질적 특징이다. 이것이 바로 자본주의를 만드는 것이며, 모든 자본주의적 기업은 이 속에서 생겨난다.
> 『자본주의, 사회주의, 민주주의 Capitalism, Socialism and Democracy』(1940)

그는 '창조적 파괴'를 가져오는 힘이 바로 '기업가 entrepreneurs의 혁신'이라는 믿음을 가지고 있었고, 이 명제를 이론적으로 탐구한 것이 『경제 발전의 이론 Theorie der Wirschaftlichen Entwicklung』(1912)이며, 여기에 역사적·통계적 분석을 보탠 것이 『경기순환론 Business Cycles』(1939)이다.

시장에 관한 슘페터의 논의 중 다른 사람들과 차별화되는 부분은 그의 독특한 '경쟁관'이다. 그는 다른 경제학자들과는 달리 독점의 중요성에 주목했다. 대부분의 경제학자들은 '완전 경쟁'

이 바람직한 것이며 독점은 자원의 최적 배분을 저해하므로 타파해야 한다고 생각한다. 반면 슘페터는 경제의 발전에는 '독점'이 늘 따르게 마련이고, 이를 부정하는 것은 현실적으로 불가능하거나 의미가 없다고 믿는다. 경제적 진보의 주요한 통로인 신생산 방법 및 신상품의 도입은 완전 경쟁과는 양립할 수 없으며, 독점으로 이어지는 대규모 조직이야말로 경제 전체의 성장을 가능케 하는 가장 강력한 엔진이라는 것이다. 슘페터의 입장에서 보면, 경제 발전을 가능케 할 '새로운 시장'이 문제가 되는 동학의 영역에서는 완전 경쟁이 가능하지도 바람직하지도 않기 때문이다.

슘페터가 완전 경쟁이라는 개념을 문제 삼는다고 해서 '경쟁'의 존재나 의미를 부정하는 것은 아니었다. 그는 새로운 기업가의 '군집적' 출현이야말로 경쟁의 중요한 측면이라고 생각했다. 새로운 기술이나 조직으로 무장한 기업이 출현해 기존의 기업들과 경쟁을 벌이고 비용 우위를 점한 신기업이 승리를 거두는 과정에서 새로운 기술이나 조직이 사회 전반에 보급되어 결국에는 신기업의 독점적 이윤은 사라진다는 것이다. 그는 가격 기구가 신·구기업 간 경쟁을 촉진시키는 수단으로서 중요한 의미를 가진다고 보았다. 신기업은 기존의 업종 및 추종 신기업과의 사이에서 경쟁하게 되는데, 이때 도태를 결정하는 것이 바로 가격과 비용이기 때문이다. 가격과 비용 사이의 차액이 (+)가 되는 기업은 초과이윤을 획득하고, 그 차액이 (−)가 되는 기업은 사라진다. 요컨대 창조적 파괴는 신결합을 원동력으로 신용 수단의 도움을 받아 경쟁에 의해 실현되며, 이때 기업들의 존망은 바로 가격과 비용에 달려있는 것이다.

슘페터는 가격의 경직성이 생산량을 제한하고 실업을 초래한다는 당대의 견해에 대해서도 비판적이었다. 가격의 경직성은 표면적인 현상, 즉 단기적인 현상에 불과하며, 가격은 결국 기술 진보에 부응해 하락하게 마련이라고 보았다.

시장이 '자생적 질서'인 '가격 기구'를 통해 불확실한 상황에 놓여 있는 각 개인들에게 의사 결정에 필요

시장경제의 본질이 창조적 파괴를 통한 불연속적인 진화 과정이라고 본 슘페터

한 지식과 정보를 제공해준다고 생각한 하이에크와 달리, 슘페터는 시장이 불확실성을 극복하기란 사실상 불가능하다고 보았다. 그가 자본주의의 역동성을 높게 평가하면서도, 결국에는 사회주의로 옮겨갈 수밖에 없다고 전망했던 것도 시장경제는 본질적으로 불확실하며 이 과정에서 사람들의 지지를 계속 얻을 수 없다는 인식 때문이었다. 슘페터는 경제발전과 기술의 진보로 모든 일상적 업무에서 자동화가 이루어지면 중앙계획기구가 생산과 분배를 주도하는 사회주의 경제에서도 혁신이 지속될 것이며, 그렇게 된다면 불확실성의 문제로부터 자유로운 이 체제가 효율성 측면에서 자본주의에 결코 뒤지지 않을 것이라고 생각했다. 이 점에서 슘페터는 시장에 대한 모든 형태의 개입을 비판하고, 시장을 가장 이상적인 자원 배분 기구로 보았던 하이에크와는 분명히 대조적이다.

한편, 케인즈라면 혁신에 대해 어떤 얘기를 추가할 수 있을까? 케인즈도 슘페터만큼은 아니지만 혁신의 중요성을 강조했다. 하지만 케인즈는 혁신을 위해서는 유연성과 불확실성만이 아니라 안정성이 반드시 필요하다는 관점을 결코 양보하지 않았다는 차이가 있다. 그의 입장에서 보자면, 사람들은 삶의 안정성이 어느 정도 확보되었을 때 비로소 변화와 구조조정, 나아가 혁신에 기꺼이 동의하고 이 과정에 적극적으로 참여하는 존재인 것이다.

만남 4

케인즈,
시장의 문제점을 지적하다

**시장의
옹호자들에게 묻다**   시장은 사람들에게 선택의 자유를 보장하고 생산 방법의 끊임없는 혁신을 유도함으로써 정치적 자유와 경제 성장의 결정적인 기초로 존재해왔다. 이런 면에서 시장이 인간의 삶을 향상시켰다는 점을 부정할 수는 없다. 스미스와 하이에크의 이론은 치밀하고도 명료한 논리로 시장을 설득력 있게 옹호한다. 국가와 사회의 잘못된 개입만 없다면 가격 기구의 유연한 작동을 통해 모든 참여자들의 경제적 이익이 실현되고, 그 가운데 최상의 질서가 실현될 것이라는 아름다운 그림을 상상함으로써 시장의 옹호를 다짐하며 벅찬 감동을 느끼는 사람들도 적지 않다. 그 감동을 어떤 소설가는 다음과 같이 고백한다.

그에게 퀵서비스는 자본주의 활력을 상징하는 것들 가운데 하나였다. 그것은 화물운송 시장에서 용케 틈새를 찾아내서 돈을 벌고 그 과정에서 사회의 효율을 높이고 있었다. 어떤 정부기구가 그것을 생각해낸 것은 아니었다. 사람들은 모두 제 이익을 좇아 다른 사람들의 필요를 채워주면서 살고 있었다. 그리고 개인들의 그런 활동들이 조화를 이루어 거시적 질서가 나왔다. 지금처럼 '보이지 않는 손'의 모습이 문득 드러나는 자리에선, 그의 가슴이 감탄으로 가득 차곤 했다.

복거일, 『보이지 않는 손』 (문학과 지성사)

그러나 다른 한쪽에서는 시장의 문제점들에 대한 지적도 적지 않다. '시장이 정말로 사람들의 물질적 번영과 행복, 나아가 자유를 뒷받침하는 최상의 자원 배분 기구인가?'라는 물음에 답하려면 다른 주장에도 귀를 기울일 필요가 있다. 이들의 입장에서 보자면 스미스와 하이에크의 이론은 현실의 시장이 아닌 이상화된 가상의 시장을 설정해놓고 그 우월성을 주장했다는 점에서 비현실적일 뿐 아니라 위험하기까지 하다. 이미 많은 사람들이

::: **악마의 맷돌**

이는 블레이크(William Blake, 1757~1827)의 시편 『밀턴 Milton』의 서시 제2집의 한 구절을 인용한 것이다. "그리고 여기 예루살렘이 세워졌다/이런 사악한 악마의 맷돌 사이에 말인가?(And was Jerusalem builded here/Among these dark satanic Mills?)" 블레이크는 산업혁명이라는 기술 발전 과정이 문화를 파괴하는 현상을 '악마의 맷돌'이라고 경고하고 있다.

시장, 특히 자유롭게 방임된 시장이 갖는 문제점에 대해서는 지적한 바 있다. 대표적으로는 자본주의에 대한 가장 강력한 비판자였던 마르크스, 그리고 시장이라는 '악마의 맷돌'로부터 사회를 어떻게 보호할 것인가를 고민한 칼 폴라니^{Karl Polanyi, 1886~1964} 등이 있다. 하지만 우리는 시장에 대한 균형 잡힌(혹은 절충적인) 시각을 가진 케인즈를 중심으로 여러 비판적인 논점들을 확인하기로 하자.

케인즈는 특히 19세기 자유방임주의자들의 시장 옹호론에 대해 비판적이었다. 자유방임 시장을 비현실적인 가정 위에서 정당화하는 방법론 자체가 잘못되었다는 것이다. 하이에크의 경우 이들에 비해 시장을 훨씬 세련된 방식으로 옹호했지만, 그럼에도 현실의 시장과는 동떨어진 비현실적인 전제 위에서 자유방임 시장을 정당화하는 방식에는 별반 차이가 없었다. 그러므로 시장 옹호론에 대한 케인즈의 비판은 하이에크에 대한 비판으로 이해해도 좋다. 이제 케인즈가 시장 옹호론에 제기한 문제점을 하나씩 짚어보자.

개인의 '경제적' 자유는 신성불가침인가?

현재 우리사회에서는 세계화와 기술 진보라는 변화된 현실에 발맞추어 시장 원리를 강화함으로써 추락한 경제 성장률을 회복하는 것은 물론 건강보험이나 국민연금과 같은 공적 분야에도 이 원리를 도입해 낙후된 공공 서비스를 개선해야 한다는 목소리가 높아가고 있다. 그런데 이러한 주장은 결코 새로운 것이 아니다. 20세기 초반 영국에서도 유사한 논의가 있었다. 케인즈는 개인주의와 자유방임주의에 근거해 공공의 문제를 해결하려는 여론을 개탄하면서 그 주장의 배후인 '경제적 방임주의'와 '사회다원주의*'의 문제점에 주목했다. 이와 관련해 케인즈가 문제를 제기한 첫 번째 논점은 '개인의 경제적 자유가 과연 신성불가침인가?'라는 것이었다.

> 개인들이 경제 행위와 관련해 타고난 '자연적 자유'를 갖고 있다는 주장은 진실이 아니며, 소유자나 획득자에게 영속적인 권리를 부여하는 '계약' 또한 존재하지 않는다. 이 세상은 사적 이익과 사회적 이익을 항상 조화시키는 방향으로 작동되지도 않으며, 그렇게 관리될 수도 없다. 개인들이 서로 고립된 채 자신의 목적을 달성하려 노력할수록, 사회적 이익의 추구는 희미해지거나 무시될 수밖에 없다.
> 『자유방임주의의 종언The End of Laissez-Faire』(1926)

:: 사회다원주의
적자생존과 같은 생물학적 진화의 원리가 인간 사회에도 적용되며, 그러한 원리에 의해 사회가 지속·발전해나간다는 생각. 영국의 철학자 허버트 스펜서(Herbert Spencer, 1820~1903)가 대표적인 사회다원주의자. 이 이론에 따르면, 약자가 줄어들고 그들의 문화는 영향력을 상실하는 데 반해, 강자는 강력해지고 약자에 대한 문화적 영향력이 커지게 된다. 이는 인종주의나 침략 전쟁의 사상적 단초를 제공하기도 한다.

당대의 대표적인 자유주의자였던 케인즈는 개인의 경제적 자유를 억압한 소비에트 공산주의에 대해서는 불쾌한 감정을 감추지 않았다. 하지만 사람들의 경제적 자유가 일종의 '천부인권'이라는 주장에 대해서는 결코 동의하지 않았다. 기본적으로 경제적 자유를 존중해야 하는 것이 당연하지만 그럼에도 사회를 유지하고 공공선을 실현하기 위해서는 일정한 제한이 필요하다고 믿었다. 그가 최저임금제의 도입에 찬성하고 노동조합의 경제적 역할에 대해 긍정적이었던 것도 이 때문이다.

케인즈는 나아가 사유재산권에 대해서도 일정한 제한이 필요하다고 믿었다. 그가 특히 문제를 삼은 것은 부의 세습이었다. 보수당이 지향하는 개인주의적 자본주의가 봉건주의의 운영 원리, 특히 세습제를 그대로 답습한다는 점에서 치명적 오류를 범하고 있다고 확신했던 케인즈는 일생 동안 보수당과 불편한 관계를 유지했다. 부와 명예, 나아가 기업의 통제권이 세습되는 한, 사회의 리더십은 취약할 뿐 아니라 비효율적일 수밖에 없다는 것이 그의 신념이었다. 그는 남부럽지 않은 부유한 배경을 가지고 있었고 나이가 들수록 보수적으로 변했지만 부자에게 높은 세금을 부과해야 한다는 생각에는 변함이 없었다. 능력에 따른 분배라는 시장경제의 원칙이 준수되고 동시에 자본주의의 역동성이 함께 지속되려면, 고율의 상속세가 반드시 필요하다고 믿었던 것이다.

케인즈에 의하면, 한 사회 속에서 경제적 자유가 차지해야 할 위치는 역사의 발전 단계에 따라 달라진다. 그는 경제적 시대를 세 단계로 나눈다. 우선 첫 번째 단계는 아직 시장이 발달하지 않은 가운데 비효율·폭력·전쟁·관습·미신 등이 지배하는 '희소성의 시대 era of scarcity'다. 이때는 개인의 자유가 최소화되고 대신 물리적 강압을 수반하는 공동체적·봉건적 통제, 또는 정부의 통제가 최대화되는데, 15~16세기까지의 기간이 여기에 해당된다. 다음으로는 개인의 자유가 극대화되고 정부를 통한 강압적 통제가 최소화되며, 개인들의 자발적 거래가 빠르게 확대되는 '풍요성의 시대 era of abundance'가 출현한다. 17~18세기의 투쟁을 통해 희소성의 억압에서 풀려나고 자유방임주의가 승리한 19세기야말로 '풍요의 시대'가 확고하게 자리를 잡게 된 시기이다. 케인즈는 마침내 '안정화의 시대 era of stabilization'에 접어들고 있다면서 이 시기야말로 공산주의에 대한 진정한 대안이 될 수 있다고 주장한다. 이 시기가 되면 개인의 경제적 자유 중 일부는 정부의 제재에 의해, 그리고 보다 많은 부분은 여러 경제주체들 간의 협조적·제도적 조정에 의해 축소되고 제약받을 수밖에 없다. 요컨대 개인의 경제적 자유는 반드시 지켜져야 하는 신성불가침한 대상이 아니며, 사회적 가치와의 조화를 위해 때와 장소에 따라 축소될 수도 있는 상대적인 개념이라는 것이 케인즈의 생각이었다.

시장의 참여자들은 정말로 평등한가?

스미스와 하이에크의 이론 속에 나오는 시장에서는 분산적으로 존재하는 다수의 대등한 수요자와 공급자들이 서로 자유롭고 독립적으로 거래한다. 이러한 시장은 원자

적이고 비인격적 시장이라고 할 수 있다. 그러나 케인즈는 현실에 존재하는 진짜 시장은 그들이 상정한 시장과 그 모습이 사뭇 다르다고 생각했다. 무엇보다도 시장에 참가하는 사람들은 대등한 힘을 가지고 만나는 게 아니기 때문이다.

> 현실의 시장에서 생산자와 소비자는 비대칭적인 관계에 놓여있다. 막대한 간접 비용과 결합 비용, 내부 경제로 인해 생산의 집약화 경향이 존재하기 때문이다. 그리고 경제적 조정에는 긴 시간이 소요되며, 경제주체들의 의사 결정 과정에서는 무지(無知)가 지식을 압도하고, 독점과 결탁이 존재한다. 이런 조건들은 모두 교섭의 평등성을 훼손시키는 조건들이다.
>
> 『자유방임주의의 종언』

자본주의 속의 시장은 비슷한 경제력을 지닌 구매자와 판매자들이 대등하게 맞서는 장터와 같은 곳이 아니다. 발달된 신용 시스템을 이용해 대규모 자본으로 생산을 수행하는 공급자들은 소비자들에 비해 훨씬 강력한 발언권을 행사한다. 뿐만 아니라 경제주체들이 확보하고 있는 지식과 정보의 양에도 큰 차이가 있다. 주식 시장에서 기관 투자가나 큰손이 휘두르는 정보력과 자금 동원력은 일반 개미 투자가들의 상상을 뛰어넘는다. 이렇듯 자본주의 시장경제에 참여하는 사람들의 경제력이 대등하지 않은 상황에서는 그 교섭력에도 차이가 있을 수밖에 없으며, 시장으로부터 무언가를 획득할 기회에도 메울 수 없는 격차가 존재하게 된다.

케인즈는 인간의 능력은 평등하지 않다고 믿었으며 또한 '결과의 평등'이 반드시 정의롭지도 않다고 보았다. 하지만 능력과 기회, 무엇보다도 교섭력에 차이가 있는 거래의 당사자들에게 '경제적 자유'라는 미명 아래 거래의 모든 것을 전적으로 맡기는 게 옳지 않다는 정도의 윤리 감각은 지니고 있었다. 참가자들이 가지는 힘이 대등하지 못하면 그 힘의 차이가 거래 조건 및 결과에 결정적인 영향을 미치는 점은 부인할 수 없는 사실이기 때문이다. 헤비급 선수와 플라이급 선수를 같은 링 위에서 똑같은 조건으로 싸우게 하는 것이 과연 공정한 경기인가? 이미 싸우기도 전에 승부가 결정이 나는 게임은 스미스와 하이에크가 옹호하는 시장경제의 본질에도 맞지 않는다. 교섭력에 상당한 차이가 있는 당사자들 간의 거래에서는 사전에 어느 누구도 그 결과를 알 수 없고, 오로지 운과 기술에 의해서만 승부가 좌우된다는 결과의 우발성을 기대할 수 없다. 이 둘을 같은 링 위에 올린다면 헤비급 선수에게는 솜이 많이 들어간 글러브를, 플라이급 선수에게는 헤드기어를 착용하도록 하는 것이 공정하다.

시장 참여자들의 불평등한 관계가 유독 두드러지는 곳은 노동시장이다. 케인즈에 앞서 마르크스는 노동력의 거래가 평등한 개인들에 의해 자유롭게 이루어지는 것처럼 보이지만 실상은 그렇지 않다고 주장했다. 노동력의 구매자인 자본가는 생산수단과 화폐를 보유하고 있는 반면, 노동력의 판매자인 노동자는 노동력 이외에는 아무것도 가지고 있지 못한 무산자이므로 자신의 노동력을 판매하지 않고는 생존이 불가능하다. 자본가는 이러한

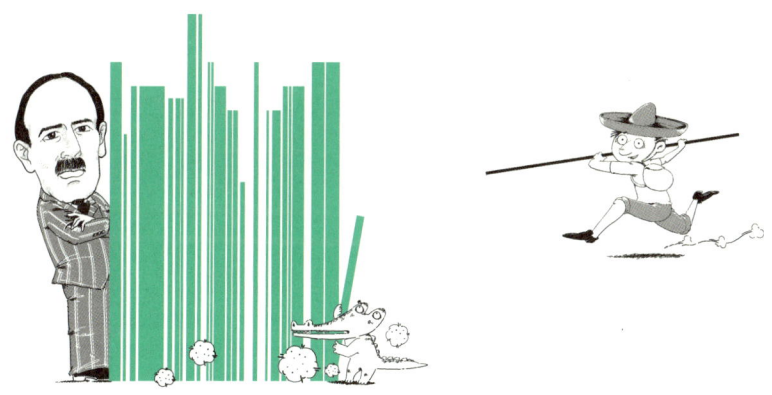

교섭력의 불균형을 이용해 생산 과정에서 노동자를 통제할 뿐 아니라 노동자가 생산에 기여한 것에 비해 적은 임금을 지불할 수 있다는 것이 마르크스의 생각이었다. 케인즈는 마르크스의 착취론에 동의하지는 않았지만, 기업가와 노동자 사이에 존재하는 힘의 불균형을 가능한 한 줄이는 것이 윤리적으로나 경제적으로나 바람직하다고 믿었다.

**시장은
자유를 확대하는가?** 　시장과 관련해 케인즈와 하이에크의 견해가 가장 엇갈리는 부분 중 하나가 '시장과 자유의 관계' 문제다. 스미스나 하이에크는 시장이 사람들의 경제적 자유를 확대하고, 경제적 자유의 공간이 확대되면 정치적 자유도 커질 수 있다고 믿었다. 이들의 입장에서는, 프랑스 혁명이나 미국의 독립과 같이 시민의 정치적 권리를 향상시킨 사건들은 시장이 발달했기에 가능했던 일이다. 그러나 케인즈는 시장이 발달하고 경제적 자유가 확대된다고 해서 정치적 자유가 자동으로 보장되지는 않는다고 생각했다. 시장경제가 충분히 발달해 있었고 경제적 자유를 누리고 있었음에도 파시즘과 나치즘이 출현한 이탈리아나 독일의 경우가 단적인 예이다. 케인즈에게 경제적 자유란 정치적 자유의 필요조건이기는 하지만 충분조건은 결코 아니었다.

한편, 시장과 자유의 관계를 둘러싸고 두 사람이 의견의 일치를 보지 못했던 데에는 보다 근본적인 이유가 있다. 그것은 자유가 포괄하는 내용과 관계가 있다. 하이에크가 국가와 사회 그리고 다른 사람들에 의한 강제나 간섭이 없는 상태, 즉 소극적 자유에 주목했다면, 케인즈는 보다 적극적인 의미의 자유, 곧 실질적 자유를 중시했다. 이때 적극적 자유란 '스스로 자신의 주인이 되게 하는 자유', 자신의 발전적 가능성을 실현시킬 수 있는 자유를 의미한다. 19세기 말과 20세기 초에는 시장과 경제적 자유의 확대에도 불구하고 빈부 격차가 심화된 가운데 많은 사람들이 실업자로 내몰리는 등 실질적 자유가 심각하게 위협받고 있었다. 대등하지 않은 경제주체들 사이의 '자유 경쟁'은 약육강식의 정글과 다를 바 없다. "이리 떼의 자유가 양 떼에게는 죽음을 뜻하는 경우가 흔하다." 경제적 자유의 이름으로 약육강식의 무제한적 경쟁이 옹호되는 세상은 승자의 탐욕과 패자의 굶주림으로 양극화된다.

만일 우리가 마음대로 좋은 나뭇잎을 골라서 뜯어 먹을 수 있는 목이 긴 기린의 행복을 마음 깊이 간직하고 있다면, 아사(餓死)하는 목 짧은 기린의 수난을 간과해서는 안 되고, 땅에 떨어져 싸움에 짓밟히는 잎사귀나 목이 긴 기린의 과식, 동물의 온화한 얼굴을 흐리게 하는 불안, 투쟁적인 탐욕 등의 추잡성도 잊어서는 안 된다.

『자유방임주의의 종언』

당시 영국에서는 '사회적 자유주의' 또는 '새로운 자유주의'를 표방한 사람들이 이 문제에 주목했다. 토머스 그린[Thomas H. Green, 1836~1882], 레너드 홉하우스[Leonard T. Hobhouse, 1864~1929]와 존 홉슨[John A. Hobson, 1858~1940], 그리고 케인즈가 바로 그들이다. 사람들의 실질적 자유를 실현하는 '수단'에 불과한 경제적 자유가 '목적'으로 변질된다면, 수익성의 논리가 사회의 모든 생활을 지배함으로써 사람들의 실질적 자유와 적극적 자유가 오히려 훼손되리라는 것이 이들의 우려였다. 이들은 인간의 가능성과 존엄성을 실현하려면, 즉 실질적 자유를 수호하려면, 주거권·건강권·노동권 등을 사회와 국가가 보장해야 한다고 믿었다. 이런 믿음은 시민사회의 '상식[common sense]'이 되었고, 제2차 세계대전 이후 그 토대 위에서 복지국가도 꽃을 피울 수 있었던 것이다.

:: 토머스 그린

영국의 철학자 겸 정치 사상가. 정신적 가치를 적극적으로 실현하는 것이 개인적 차원의 목표일 뿐 아니라, 사회에서도 이를 촉진해야 한다고 보았으며, 사회의 이러한 의무를 실현하려면 국가가 적극적으로 간섭해야 한다고 생각했다. 그래서 자유방임을 부정하고 국가의 간섭을 긍정하는 '새로운 자유주의'의 바탕을 마련했다.

**가격 기구는
지식과 정보를 늘리는가?** 케인즈는 가격 기구가 지식과 정보를 전파·확산시킨다는 주장에 대해서도 조금은 회의적이었다. 오히려 그는 시장경제의 가장 큰 문제점이 '불확실성'에 있으며 가격 기구가 이러한 불확실성을 개선할 수 없다고 보았다. 그가 말하는 불확실성이란 의사결정에 필요한 진정한 지식이나 정보를 갖고 있지 못한 상황을 의미한다. 특히 자본주의적 생산이 확대될수록, 불확실성은 더욱 커진다. 올바른 결정을 내리기 위해 경제주체들이 필요로 하는 지식의 양은 늘어나는 반면 경제주체들

:: 케인즈의 이중성

케인즈는 금융보다는 실물 경제가 중요하다고 믿었던 대표적인 인물이다. 그는 금융과 실물 경제의 관계를 하인과 주인의 관계라며, 하인인 금융이 주인인 실물을 오히려 지배할 경우 경제 성장은 기대할 수 없다고 생각했다. 그가 주식 시장의 투기나 이자생활자에 대해 부정적이었던 것도 같은 맥락이라고 할 수 있다. 그럼에도 케인즈 자신은 시세 차익을 노리고 외환·농산물·주식·미술품 등에 투기를 해 큰돈을 벌어들였다. 케임브리지 대학교에서 받았던 연봉이 2백 파운드를 채 넘지 않았던 그가 아내에게 무려 45만 파운드에 달하는 재산을 남길 수 있었던 것은 이러한 투기가 있었기에 가능한 것이었다. 그에게 투기란 예술을 애호하고 친구들과의 친교를 행할 수 있도록 해주는 결정적인 자금원이었을 뿐 아니라 시장을 예측해내는 자신의 뛰어난 능력을 확인시켜주는 수단이기도 했다. 일반인들에게는 금융을 멀리할 것을 요구하면서 정작 자신은 투기에 적극적으로 나선 이러한 이중성은 케인즈 고유의 엘리트주의와도 관련이 있을 것이다.

이 이용할 수 있는 지식의 양은 줄어들기 때문이다. 불확실성이 지배하는 상황, 곧 진정한 정보를 갖지 못한 상태에서는 '기대expectation'에 의존해 행동할 수밖에 없는데, 기대의 토대는 대단히 취약하며 언제 돌변할지 모른다. 『일반 이론』을 펼치면, 곳곳에서 불확실성과 비합리적 기대에 주목하는 케인즈 고유의 '심리적인 인간학'과 마주치게 된다. 탐욕·무지·공포·모방과 같은 인간의 본성은 생각보다 강하므로, 불확실성이라는 조건과 결합할 경우 균형을 향한 시장의 자동적인 운동을 교란시킨다는 것이다.

케인즈의 입장에서 보자면 가격은 사람들이 미래를 어떻게 전망하느냐에 따라 결정된다. 미래를 낙관할 경우 가격은 상승하며 반대로 미래를 비관하면 가격은 하락한다. 그런데 미래에 대한 사람들의 기대가 주관적이고 비합리적이기 때문에, 가격은 시장의 진정한 수요와 공급을 반영하는 신호등도, 향후의 바람직한 자원 배분에 대한 지식과 정보를 담아내는 통로 역할도 되지 못한다. 케인즈는 금융 시장에서 형성되는 가격, 예컨대 주가가 기업의 내재적 가치를 반영한다는 견해에 특히 회의적이었다. 그는 주가란 100장의 사진에서 6명의 미인을 선발하는 것과 유사하다는 점에서 '군중 심리'의 결과에 불과하다고 믿었다. 미인 투표에 참가한 투표자들 중 선발된 미인을 맞히는 사람에게 상을 준다면 평균적인 기호를 갖는 사람이 상을 받게 된다. 그 이유는 심사위원들의 경우 자신이 미인이라고 생각하는 사람에게 투표하기보다는 다수가 누구를 선택할까를 염두에 두면서 투표할 것이기 때문이다. 주식을 사고파는 사람들 또한 기업의 내재적 가치를 따지기보다는 어떤 주식이 다른 사람들에게 인기가 있을지를 가늠하는 데 시간과 재능을 쏟기 때문에, 결국 주가는 평균적 의견에 대한 다수결로 결정된다. 이처럼 참여자들의 군중 심리에 의해 가격이 결정되는 금융 시장은 경제 내의 모든 시장들 중에서 가장 관성이 약한 곳으로, 사소한 징후에도 관습의 기초가 붕괴되고 그로 인해 누적적인 악순환을 발생시키는 장소라고 할 수 있다. 금융 자산의 가격, 곧 주가가 무지한 군중의 변덕스러운 판단과 감정의 격렬한 요동을 통해 결정된다면, 기업가의 투자 결정이 주가에 의해 인도되는 것은 국민 경제의 번영에 부정적인 영향을 미치게 된다. 금융 투기^{speculation}가 실물 사업^{enterprise}을 지배하지 못하도록 주식 거래에 대해 과세를 해야 한다는 케인즈의 주장도 이러한 맥락에서 이해할 수 있다. 케인즈의 후계자들 역시, 금융 시장 참여자들의 투기적·비합리적 행태로 인해 금융 시장은 불안정할 수밖에 없으므로, 경제의 원활한 성장을 위해서는 실물 금융 시장의 투기적 행동을 규율하는 것이 결정적으로 중요하다는 주장을 거듭 강조했다.

가격 기구의 신축성이 반드시 바람직한가?

케인즈는 자본주의 시장경제의 강점을 효율성과 높은 생산성에서 찾았다. 시장의 본질을 개인의 경제적·정치적 자유의 보장에서 찾았던 하이에크와는 상반된 시각이다. 그에게 자본주의 시장경제는 경제적 효율의 측면에서는 가장 우월한 체제이지만, 개인들의 금전욕^{金錢慾} 또는 화폐애^{貨幣愛}에 편승하고 이를 조장한다는 점에서 도덕적으로는 극히 불쾌한 사회였다. "사이비 도덕률과 경제적 효율성의 딜레마"에 직면한 사회, 이것이 바로 케인즈의 눈에 비친 자본주의 사회였던 것이다. 케인즈는 도덕적으로 문제가 있고 경제적 효율성만을 자랑하는 자본주의 사회가 도덕적으로 중요한 요소를 담고 있는 공산주의를 압도하려면 그 체제보다 몇 배 이상 효율적이어야 한다고 생각했다.

그런 의미에서 케인즈는 가격 기구의 신축적 조정이 반드시 바람직한 것도 아니라고 생각했다. 은 다른 어떤 시장보다도 가격이 신축적으로 움직이지만 다른 시장들에 비해 더 효율적으로 자원이 배분되고 더 신속하게 균형이 회복된다고 보기 어렵다는 것이다. 가령 가격이 빠르게 조정되는 주식시장은 오히려 사소한 외적 충격에도 사람들의 비합리적 기대와 쏠림현상으로 인해 한 순간에 붕괴될 수 있다.

그는 한 걸음 더 나아가 경직적인 가격이 신축적인 가격보다 더 바람직한 경우도 적지 않다고 보았다. 케인즈는 불확실성으로 인해 불안정성을 보일 수밖에 없는 시장경제가 안정성을 확보하려면 일부 가격 변수의 경직성은 불가피하다고 생각했다. 가격이 일종의 관습처럼 안정적으로 유지되리라는 믿음이 있는 한, 사람들은 일상생활에서 연속성과 안정성을 얻을 수 있다는 것이다. 관습은 상대적으로 확실하고 규칙적인 지식을 제공함으로써 사람들의 편안한 선택을 가능하게 해 줄 뿐 아니라 가격 변동의 불확실성을 적지 않게 제거함으로써 투기의 가능성도 줄인다. 케인즈는 가격 변수의 경직성을 시장경제 고유의 내재적 취약성이 드러난 한 양상이자 이를 치유하는 한 형태라고 보았다.

:: 노동 시장의 유연화
경영 상황에 따라 임금을 신축적으로 조정하는 것은 물론, 해고와 고용도 자유롭게 행할 수 있도록 기업의 운신의 폭을 확대하는 일련의 흐름을 지칭한다. 오늘날 정규직이 줄어들고 대신 계약직이나 임시직 등의 비정규직이 늘어나는 상황이 바로 노동 시장 유연화의 결과이다.

이러한 관점에서 보자면, 가격 변수의 경직성을 인위적으로 제거하려는 시도는 격렬한 불황이나 실업 등의 심각한 문제를 야기하게 된다. 이 점에서 케인즈는 노동 시장의 유연화*를 통해 국민 경제를 보다 효율적으로 만들 수 있다고 믿는 오늘날의 상식에 결코 동의하지 않을 것이다.

고용이 계속 감소하는 상황에서 노동자들이 화폐 임금의 하락을 용인한다면, 이는 산출량에 대한 불리한 영향을 통해 실질 임금을 떨어뜨리는 대신 오히려 올려주는 결과를 초래한다. 이러한 정책은 극히 난폭하게 물가를 불안하게 만든다. 이러한 불안정성은 …… 기업의 계산을 무효로 만들 만큼 심할 것이다. 신축적 임금 정책이 자유방임적인 체제의 정당하고 적절한 산물이라고 생각하는 것은 진실과 다르다. 신축적 임금 정책은 급격하고 대폭적이며 전반적인 변화를 행정 명령으로 시행할 수 있는 고도로 권위적인 사회에서만 성공적으로 운영될 수 있다.

『일반 이론』

임금의 경직성에 대한 케인즈의 태도는 그가 임금이나 노동조건을 비경제적인 변수로, 곧 하나의 제도로 받아들이고 있음을 의미한다. 그는 수요와 공급이라는 추상에 만족한 채 모든 것을 최적의 결과로 파악한 '보이지 않는 손'의 관념에 안주하지 않고 시장 속에 현실의 시간을 도입하고 제도적인 요인들에 관심을 기울였다. 그리고 카르텔, 공기업, 노조, 법인 기업 등 여러 비^非 시장 제도 형태들이 시장사회에 새롭게 출현함으로써 종래의 자본주의가 갖고 있던 비도덕성·불안정성·무지가 완화될 수 있다고 믿었다. 그에 의하면 이들 제도는 모두 시장경제의 안정성과 공공선의 제고에 기여하는 제도적 진화의 산물인 셈이다. 이러한 입장에서 보면, 경제적 효율과 개인적 자유의 이름으로 각종 제도화된 관습들을 제거하자는 주장은 역사의 수레바퀴를 되돌리려는 시대착오적인 이데올로기에 지나지 않는다.

시장은 자생적 질서의 산물인가? 하이에크의 시장 옹호 중 가장 매력적인 부분은 개인들의 의도하지 않은 행동의 결과로서 시장이 출현했으며 시장이라는 자생적 질서는 어떠한 의도적인 계획보다도 지식과 정보를 효과적으로 전달할 수 있다는 '자생적 질서론'이다. 그러나 시장은 자생적 질서의 산물이 아니라는 반론도 적지 않다. 20세기 이전에는 자유와 평등을 내세우는 자본·노동 관계와 시장 질서가 실제로는 국가의 폭력적 개입을 통해 출현한 것이라는 '본원적 축적^{primitive accumulation}'론이 마르크스에 의해 제시된 바 있다. 또한 20세기 들어서는 빈에서 태어나 부다페스트에서 자란 칼 폴라니가 비슷한 주장을 펼쳤다.

폴라니와 하이에크는 시장에 대한 상반된 시각에도 불구하고 공통점이 있다. 두 사람 모두 빈에서 태어났고 인간 사회에서 시장이 담당하는 역할에 깊은 관심을 가졌으며, 1944년에 자신의 존재를 세상에 각인시킨 필생의 역작을 발간했다. 폴라니는 대표작 『대전환^{The Great Transformation}』(1944)에서 '살림살이 경제'와 '시장경제'를 구분하고, 사회와 시장의 관계를 '착근^{着根}'이라는 개념으로 접근한다. 살림살이 경제는 사회에 뿌리를 내린 경제^{embedded economy}이며, 시장경제는 사회로부터 이탈되어 뿌리 뽑힌 경제^{disembedded economy}라고 할 수 있다. 그는 자본주의 시장경제가 국가에 의해 위로부터, 그리고 개인들의 외부에서 인위적으로 창출되었다는 주장을 펼쳤다. 국지적 교역이 자생적 진화의 논리로 성장해 마침내 시장사회가 출현했다는 견해는 전통적인 '착근된' 시장과 '이탈된' 시장의 결정적 차이를 무시한 허구적 견해라는 것이다.

폴라니는 "자유방임은 계획된 것이었다"고 말한다. 자본주의 시장경제 또는 이탈된 시장은 노동·토지·화폐가 국가에 의해 상품화되는 '거대한 변환' 속에서 출현했다는 것이다. 그는 특히 구빈법^{救貧法} 개혁·곡물법 철폐·은행 조례와 같은 정책 변화에 주목해 시장사회의 출현은 결코 자생적 진화의 산물이 아니라 국가의 강력한 개입과 경제적 자유주의 이념의 산물이라는 점을 강조했다. 이러한 상품화 과정은 인간의 사회적 생활을 시장의 변덕에 종속시키며 마침내는 인류의 생존 그 자체를 위협하기에 이른다. 폴라니는 영국의 시인인 블레이크의 시를 인용해 사회가 시장이라는 '악마의 맷돌'로부터 스스로를 보호해야만 한다고 주장한다.

  결국 폴라니가 『대전환』을 통해 하고 싶었던 얘기는, 시장사회가 노동·토지·화폐를 무리하게 상품화시키는 내적 모순을 가지고 있으며 그로 인해 그 진화 또한 '자유시장 논리의 확장'과 '사회의 보호적 대항 논리' 사이의 이중 운동 속에서 진행되는 모순적인 과정일 수밖에 없다는 것으로 요약할 수 있다. 그런데 그에게는 물리와 화학 그리고 과학철학 분야에서 세계적인 명성을 얻은 마이클 폴라니라는 동생이 있었다. 역설적이게도 마이클 폴라니의 입장이 형보다는 하이에크에 훨씬 가까웠다. 그는 계획·집산주의·전체주의와의 싸움 속에서 하이에크의 든든한 우군으로 활동했다.

만남 5

『노예의 길』 논쟁

**계획은
노예의 길로 이어진다**

1944년 하이에크는 중앙 계획에 대한 본격적인 공격의 내용을 담은 『노예의 길』을 발표했다. 중앙 계획에 대한 앞 세대의 비판이 주로 경제적 효율성의 측면에 무게를 두고 있었다면, 『노예의 길』은 자유의 문제에 초점을 맞추었다. 하이에크에 따르면, 계획은 비효율적이고 퇴행적일 뿐 아니라 자유를 파괴하고 결국 사람들을 '노예의 길'로 이끄는 '치명적 오만fatal conceit'이었다. 중앙 계획이라는 목표에 대해 사람들의 자발적인 동의를 충분히 얻는 것은 사실상 불가능하기 때문에, 중앙 계획이 실시되면 사회적으로 반발이 확산되게 마련이며 이를 제압하려면 폭력적 방식이 나타날 수밖에 없다는 것이다.

부분적인 계획도 자유를 억압하기는 마찬가지다. 부분적인 계획이 실시되면 정보나 지식의 부족 때문에 각종 문제와 부작용이 초래되는데, 이때 중앙계획당국은 계획의 확대를 통해 이 문제를 해결할 수 있다는 환상을 품게 된다. 시장의 자유로운 작동이 일정 수준 이상으로 저지되면, 계획가는 모든 시장을 포괄할 때까지 통제를 확대해 나갈 수밖에 없다는 것이다. 즉, 사회와 경제의 계획화가 단번에 전면적으로 이루어지지는 않더라도 점차적으로 진행되면서 누적된다면 전체주의적 체제가 출현할 가능성이 크다고 보았다. 따라서 부분적인 계획, 곧 생산을 일정 분야로 유도하거나 특정한 소득 분배를 달성하려는 시도는 결국 "경제적 자유를 억압하게 마련이다. 과거의 역사적 경험은 경제적 자유 없이는 개인적 자유나 정치적 자유도 결코 성립할 수 없다는 것을 증명하고 있다"는 것이 하이에크의 믿음이었다.

그는 시장에 대한 통제는 아무리 부분적인 것이더라도 개인의 자유를 억압함으로써 결국에는 전체주의로 나아가는 경향이 있으며, 파시즘과 공산주의의 존재가 이를 증명한 것이라고 보았다. 이들 두 체제는 민주적 사회주의로 시작했다가 전체주의로 귀결되었으며, 대중의 삶을 조직적으로 억압하는 체제라는 점에서 이념적 쌍생아라는 것이다. "고상한 이상에 부합되는 미래를 창조하려는 노력이 의도와는 정반대의 결과를 초래한다면 이보다 더한 비극이 어디 있겠는가?" 그는 한걸음 더 나아가 제2차 세계대전을 통해 파시즘과 사활을 건 싸움을 벌이고 있던 서방 세계도 이러한 위험으로부터 자유롭지 않다고 믿었다. 서방 세계는 공공선과 사회적 가치의 확대라는 명분 위에 '계획'과 '사회공학'을 한층 확대하고 있었다는 점에서 언제라도 파시즘으로 변질될 가능성을 안고 있다는 것이었다. 그가 복지국가에 대해 비판적이었던 것도 이러한 인식을 반영한다. 복지국가라는 이름으로 추진되는 정책들은 결코 전체주의적이지도 집산주의적이지도 않지만 이들이 누적적으로 상호작용을 일으키면서 최종적으로는 전체주의로 변질될 가능성이 높다고 보았다.

하이에크는 당시 유럽을 휩쓸었던 '계획'에 대한 숭배가 정치와 도덕의 문제를 과학으로 해결할 수 있다는 잘못된 믿음에서 나왔다고 보았다. 이것은 스탈린의 공산주의나 히틀러의 파시즘, 나아가 루스벨트의 뉴딜과 같은 새로운 경제체제가 자유방임 시장경제의 실패로 인해 불가피하게 등장했다는 주장에 결코 동의하지 않았음을 의미한다. 이러한 '집산주의'의 발흥은 독점과 경기 침체 그리고 그 밖의 시장 실패에 대한 필연적 대응이 아니라, 19세기 독일인들이 지녔던 이념이 부당하게 확산된 결과로 이해해야 한다는 것이 하이에크의 생각이었다.

> 독일인들은, 그리고 그들의 선례를 모방하는 모든 사람들은, 완벽하게 계획된 사회를 향해 진보적으로 나아가는 과정에서 19세기의 사상가들, 특히 독일인들이 자신들을 위해 정밀하게 설정했던 경로를 단순히 따랐을 뿐이다.
>
> 『노예의 길』

『노예의 길』은 이처럼 경제적 자유주의 또는 자유방임 자본주의를 문제 삼는 모든 흐름의 지적 뿌리를 피히테[Johann G. Fichte, 1762~1814], 리스트[Friedrich List, 1789~1846], 슈몰러[Gustav von Schmoller, 1838~1917], 좀바르트[Werner Sombart, 1863~1941] 등 19세기 독일의 사상가들에게서

찾으며 이를 다시 파시즘과 연루시킴으로써 그 신뢰도를 떨어뜨리는 전략을 구사했다. 하지만 그도 집산주의적 정서가 대중의 지지를 얻을 수 있었던 것은 시장과 자본주의가 사람들에게 안전을 제공하지 못한 데에 있으며, 최소한의 필요불가결한 안전은 '시장의 외부'에서 제공될 수밖에 없다는 점을 부정하지는 않았다. 즉 사회와 시장의 질서 유지에 있어 국가가 중요한 역할을 담당한다는 점은 하이에크도 인정하고 있었다. 이 점에서 그는 자유방임주의만을 강조한 채 국가의 역할은 적을수록 좋다고 믿었던 19세기의 자유주의자들과는 구분된다. 그러나 정부 주도로 이루어지는 공공사업에 대해서는 아주 회의적이었는데, '투자의 사회화'를 주장한 케인즈와 입장이 크게 갈리는 것도 바로 이 지점이다. 물론 케인즈는 특정한 목적을 위해 생산수단의 사용을 지시해야 한다고 주장하지는 않았다는 의미에서 하이에크가 의미하는 중앙계획가는 아니었다. 그러나 케인즈가 경기 변동이나 대량 실업을 해결할 궁극적인 처방을 통화 정책이나 대규모 공공사업에서 찾으려던 '수많은 경제학자들'의 지적인 지도자였다는 점은 분명하다.

케인즈, 중도의 길을 선택하다

케인즈는 하이에크와 달리 이념에 그렇게 집착하지 않는 사람이었다. 상황에 따라 견해를 바꾸는 것을 두려워하지 않았으며, 나이가 들면서 젊은 시절 시장에 대해 가졌던 날선 문제의식도 유연하게 변화했다. 자유방임 시장의 문제점에 대한 비판적 인식에는 변함이 없었지만, 50대 이후의 저작에서는 '시장경제의 사이비 도덕성'에 대해 한 발자국 물러선 그의 입장을 확인할 수 있다.

인간의 가치 있는 활동 중에는 재산 증식 동기와 사유재산제의 환경을 필요로 하는 것도 분명히 있다. 더욱이 사람들의 위험한 기벽은 사유재산과 축재의 기회를 통해 상대적으로 무해하게 중화될 수도 있다. 그 기벽이 이러한 방식으로 충족되지 못한다면, 사람들은 자신의 권력과 권세를 무모하게 추구하거나 아니면 여러 자기현시적 욕구 속에서 탈출구를 찾게 될 것이다. 동료 시민들 대신 자신의 은행 잔고를 대상으로 권력을 휘두르는 것이 훨씬 바람직한 일이다.

『일반 이론』

개인주의는 그 남용과 결점을 치유할 수만 있다면, 개인의 자유에 대한 최상의 수호자라고 할 수 있다. 다른 시스템들에 비해 개인적 선택의 장을 넓히기 때문이다. 개인적 선택의 장을 넓혀준다는 점을 감안한다면, 시장경제는 삶의 다양성에 대한 최상의 수호자이기도 하다. 획일적인 전체주의적 국가의 가장 큰 손실은 바로 다양성을 잃는 것이라고 할 수 있다. 이러한 삶의 다양성이야말로 미래를 개선하는 가장 강력한 수단인 것이다.

『일반 이론』

결국 그는 시장경제와 개인주의에 대해서도 긍정적 입장으로 돌아섰으며, 사회적 가치의 달성을 위해서는 다양한 차원에서 시장에 개입이 필요하다는 젊은 시절의 생각도 어느 정도 철회하기에 이른다. 『일반 이론』을 집필할 시점에서는 고용 증대를 겨냥한 거시적 차원의 재정 정책과 통화 정책만으로 충분하다며, 정부 개입을 지나치게 확대하는 것에 대해 우려를 표명했다.

케인즈의 이러한 변화는 소련 사회의 변질과 파시즘의 대두에 따라 전체주의의 위협이 현실화되고 있던 당시의 시대적 상황을 반영한 것으로 보인다. 그는 브레턴우즈 협정˚을 위해 대서양을 건너는 배 위에서 『노예의 길』을 읽고 하이에크에게 그 '위대한 책'의 여러 내용에 깊은 공감의 뜻을 전한다.

> 도덕적으로나 철학적으로나 당신의 견해에 큰 감명을 받았습니다. 어느새 내가 당신의 견해에 전적으로 동의하고 있는 것을 발견했습니다.

특히 케인즈가 공감했던 내용은 정치적 자유와 경제적 자유의 연관 관계와 개인을 그 자신의 목적에 대한 심판관으로 대우하는 것의 중요성, 그리고 개인적인 노력을 조정하는 더 나은 방법이 경쟁이라는 점이었다. 그리고 민주주의가 목적이 아닌 수단이라는 주장과 과도한 정부

▪▪ 브레턴우즈 협정
1944년 7월 연합국 44개국의 대표들이 미국 뉴햄프셔 주의 브레턴우즈에 모여 제2차 세계대전 후 국제통화금융의 운영에 관한 방침을 위한 협정을 체결했고, 이를 바탕으로 국제협력을 강력하게 추진하여 세계경제의 확대, 균형을 실현하자는 브레턴우즈 체제가 확립되었다. 또한 이 협정을 통해 국제통화기금과 세계은행이 설립되기도 했다.

지출에 대한 가혹한 비판에도 갈채를 보냈다. 케인즈가 『노예의 길』을 높게 평가한 데는 전쟁이라는 시대적 배경도 한몫 한 것으로 보인다. 전쟁을 수행하는 과정에서 경제와 사회가 고도로 계획화됨에 따라 전쟁이 끝나고 평화가 찾아올 때 어떻게 자유를 회복할 것인가가 중요한 과제로 등장했기 때문이다.

케인즈는 하이에크와 오랜 기간 교분을 맺고 있었지만 그의 이론적 작업에 대해서는 그동안 높게 평가하지 않았다. 심지어 그가 쓴 『가격과 생산Prices and Production』(1931)에 대한 서평에서는 "정말이지 이 책은 내가 읽은 가장 형편없고 지리멸렬한 책 중의 하나다. 이 책은 철저한 이론가가 오류에서 출발했을 때 어떻게 정신병원 입원으로 끝나는가를 보여주는 보기 드문 사례라고 할 수 있다"는 독설을 퍼붓기도 했다. 이 점에 비추어 『노예의 길』에 대해 그가 보인 반응은 아주 이례적인 것이었다. 따라서 『노예의 길』에 대한 케인즈의 높은 평가는 신중하게 해석할 필요가 있다. 시대 상황에 대한 개인적 분노를 이 책에 대한 칭찬으로 표출했을 가능성도 높기 때문이다. 그래서 유려한 문체와 치밀한 논리로 전체주의나 기계적 평등주의의 문제점을 효과적으로 드러냈다는 점에 대해서는 높게 평가를 했던 것이다. 그러나 구체적 논점과 관련해서는 하이에크와 여전히 커다란 거리를 보이고 있었다. 이런 사실은 하이에크에게 보낸 편지의 나머지 부분을 통해 확인할 수 있다. 『노예의 길』에 대한 그의 견해 중 우리가 관심을 가져야 할 부분은 찬성 부분이 아니라 대립각을 세운 지점들이다. 하이에크에게 보낸 편지가 후세의 사가들에 의해 노예의 길 '논쟁'으로 명명되었던 점에도 주목할 필요가 있다.

편지의 내용을 자세히 살펴보면, 시장경제의 대한 케인즈의 기본적 신념은 젊은 시절과 마찬가지로 일관되게 유지되고 있다는 점을 확인할 수 있다. 이 편지를 보면, 시장경제는 일련의 진화적 과정을 통해 도덕적으로나 효율적으로나 이상적인 사회로 점점 접근해갈 것이며, 이를 위해서는 시장경제를 관리할 수 있는 다양한 정책 수단을 추구해야 한다는 믿음이 그대로 드러나 있다. 완전한 자유방임 경제를 한편에, 그리고 완전한 계획경제를 다른 한편에 놓았을 때, 케인즈가 생각하는 바람직한 시장경제란 그 중간 어딘가에 위치할 것이다. 중요한 것은 도덕성과 효율성이라는 두 가치 간의 적정한 균형을 유지하는 '중도의 길 middle way'을 추구하는 일이었다. 모든 교조주의를 반대하고 현실의 문제를 조금이라도 개선할 수 있는 구체적 처방을 제시하려는 실용주의적 입장은 나이가 들어서도 변함없었다. 이제 케인즈의 비판을 몇 가지로 정리해보자.

1) 추상적 원칙이 아닌 구체적 판단이 필요하다

당신은 선을 어디에 그어야 할지를 아는 게 쉽지 않은 문제라고 인정했습니다. 그 선이 어딘가에 그어져야 하며 논리적 극단은 가능하지 않다는 점에 동의할 것입니다. 그러나 당신은 그 선을 어디에 그을 것인지에 대해서는 어떠한 단서도 제시하지 않고 있습니다. 아마도 당신과 나는 서로 다른 장소에 선을 그을 것입니다. 내 생각에 당신은 중도 노선의 실행 가능성을 지나치게 과소평가하고 있습니다.

하이에크도 모든 형태의 정부 개입에 반대하지는 않았다. 또한 국가가 사회적 안전망을 제공해야 한다는 점 역시 인정하고 있다. 하지만 이것은 어디까지나 추상적 원칙에 관한 것으로 구체적인 내용은 거의 언급하지 않고 있다. 예컨대 국가는 사회적 안전망을 어느 수준까지 제공해야 하는지, 그 속에 의료 보장과 교육은 포함되어야 하는 것인지에 관한 구체적인 논의는 찾아볼 수 없다. 이 점에서 하이에크는 사회 속에 국가가 위치할 장소를 자의적으로 그리고 불확정적인 상태로 남겨놓았다는 비판을 피할 수 없다. 케인즈의 입장에서 보자면 선을 어디에 그을 것인가는 '원칙principle의 문제'가 아니라 '판단judgement의 문제'였다.

2) 자유주의의 무능이 전체주의를 낳았다

따라서 우리에게 필요한 것은 경제적 프로그램을 변화시키는 것이 아니라 이들을 확대하는 것입니다. 세상은 오늘날의 자본주의적 개인주의와 연결되어 있는 실업을 더 이상 인내하려 하지 않을 것입니다. 나는 문제에 대한 올바른 분석을 통해 효율과 자유를 보존하되 질병은 치유하는 것이 가능하다고 믿습니다.

자유주의자로서의 케인즈는 하이에크가 치국statecraft보다 이념ideology을 앞세운다고 비판한다. 실제로 하이에크가 고전적 자유주의의 매력을 떨어뜨리고 국가의 역할을 확대시킨 여러 가지 요인들에 대해 설득력 있게 분석하고 있다고 평가하기는 어렵다. 그보다는 오히려 자유주의가 대중적 지지 기반을 잃게 된 주된 이유를 대중들의 지적 오류의 탓으로 돌리며, 반자유주의 정서는 시간이 흐름에 따라 사라져버릴 것이라고 낙관할 따름이다. 이와 달리 케인즈는 불황을 막을 수 있는 정책적 처방을 제시하지 못했기 때문에 자유주의적 가치에 대한 환멸이 생겨났다고 본다. 독일철학과 바이마르공화국[•]이 '전체주의적' 성향을 지니고 있었다고 하더라도, 대공황이 없었다면 히틀러의 집권은 불가능했을 것이다. 이러한 관점에서 보면, 자유주의에 대한 환멸을 낳은 것은 과학자나 엔지니어의 오만이 아니라 하이에크 자신도 속한 무능한 자유주의 그 자체가 된다.

3) 자유는 사회의 도덕적 수준에 좌우된다

우리가 원하는 것은 계획을 아예 없애거나 최대한 억제하는 것이 아닙니다. 계획을 수행하는 사람들의 마음과 정신이 사회 구성원들의 도덕적 입장에 부합된다면 온건한 계획은 사

:: 바이마르 공화국
1918년의 독일혁명으로 1919년에 성립된 독일 공화국을 통칭하여 부르는 말. 국민회의가 소집되어 헌법을 채택한 곳이 바이마르 지역이었기 때문에 붙은 이름이다. 바이마르 헌법은 국민주권을 담고 있는 민주적 헌법이었으나 대통령의 긴급명령권을 규정하여 훗날 히틀러의 독재 정권이 들어서게 되는 근거가 되기도 했다. 결국 바이마르 공화국은 1933년 나치스 정권의 수립으로 소멸된다.

회에 해를 끼치지 않을 것입니다. 생각과 감정이 올바른 공동체에서는 위험해 보이는 행동도 안전하게 이루어질 수 있습니다.

케인즈는 시장이 어느 수준으로 발달했는지 또는 계획에 어느 정도로 의존하는지가 한 사회의 자유를 보장하는 결정적인 요인이라는 주장에 결코 동의하지 않았다. 그는 한 사회의 도덕적 수준이 사람들의 자유가 얼마나 보장되는가를 결정하는 보다 중요한 요인이라고 믿었다. 이 쟁점에 관한 한, 케인즈의 견해가 더 타당했다는 점을 실제 사례를 통해 확인할 수 있다. 중남미 국가의 경우 국가의 경제적 개입이 축소됐음에도 불구하고 군부독재 정권에 의한 억압이 사람들의 정치적 자유를 질식시켰던 시절이 있었다. 반면 스웨덴과 같은 북유럽의 국가들은 '사회 민주주의'라는 이름으로 계획과 정부 개입을 적극적으로 활용했음에도 불구하고 시민들은 높은 수준의 자유를 누릴 수 있었다. "경제적 삶을 계획하려는 민주적 정치인은 독재 권력을 행사하든가 아니면 그 계획을 포기해야 하는 양자택일의 상황에 직면하게 될 것"이라는 주장은 정치 체제를 규정하는 다양한 제도적·문화적·사회적 요인을 고려하지 않은 기계적 경제결정론이라는 혐의로부터 결코 자유롭지 못하다고 보아야 한다.

케인즈는 이어서 "나는 당신이 도덕적 문제와 물질적 문제를 다소 혼동하고 있다고 생각"한다는 비판을 추가한다. 이것은 『노예의 길』 중 가장 매력적인 부분이기도 한 7장을 염두에 둔 것이다. 이 부분에서 하이에크는 사회주의자들이 "이제까지 인간에 의해 고안된 것 중 가장 위대한 자유의 수단"인 화폐를 헐뜯는다고 비판한다. 그가 보기에 사람들에게 비경제적 목적을 자유롭게 선택할 수 있게 한 것은 물질적 풍요가 아니라 화폐였다. 반면, 케인즈는 화폐가 유용한 수단이라는 점을 인정하면서도, 화폐가 인간 사회를 한층 초라한 것으로 타락시켰다며 불편한 심기를 내비친다. 화폐의 존재로 인해 수단이 목적으로 변질되면서, 사람들의 선택을 보다 가치 있는 것으로부터 덜 가치 있는 것으로, 구체적인 것으로부터 추상적인 것으로 왜곡시켰다는 것이다.

화폐애와 축재욕에 대한 경멸은 케인즈의 학창 시절로까지 거슬러 올라간다. 이것은 케임브리지의 지적인 분위기였으며, 블룸즈버리 그룹의 지배적 정서이기도 했다. 특히 축재 동기에 대한 혐오는 평생 동안 지속되어『일반 이론』에는 '불로소득 생활자의 안락사 euthanasia of the rentier'라는 과격한 슬로건까지 등장한다. 경제학과 윤리학 사이의 긴장이야말로 케인즈 철학의 핵심이라는 점을 염두에 둔다면, 하이에크가 물질적 문제와 도덕적 문제를 혼동했다는 비판은 중요한 의미를 가진다. 하이에크에게는 자본주의를 뛰어넘는 삶이란 존재하지 않으며, 시장의 발견 과정을 뛰어넘는 어떠한 '선한 삶'에 대한 지식도 의미가 없었던 반면, 케인즈에게 자본주의란 보다 이상적인 유토피아를 향한 중간 단계로서, 끊임없는 도덕적 갱신의 대상이었던 것이다.

유토피아를 추구한 마지막 경제학자

『노예의 길』에 대한 케인즈의 불편한 심경은 궁극적으로는 '선한 삶'Good life이라는 유토피아와 밀접한 관련이 있다. 케인즈의 전기 작가인 로버트 스키델스키Robert Skidelsky, 1939~는 케인즈를 '선한 삶'이라는 철학적 성배를 추구했던 마지막 경제학자로 기록한다. 인생의 목표인 '선한 삶'에 대한 희망은 대학 시절의 스승이었던 무어의 『프린키피아 에티카Principia Ethica』(1903)에서 영향을 받은 것으로, 이후 사도회와 블룸즈버리에서 맺은 교유를 통해 발전되었다. 젊은 시절 케인즈는 친교와 사랑, 미의 추구, 지성의 훈련 등을 통해 마음의 선한 상태good states of mind를 달성할 수 있다는 점을 강조했고, 나이가 더 들어서는 '선한 삶'의 항목에 개인적·물질적 안정성 등을 추가했다. 케인즈가 시장에 대해 비판적이었다면, 그것은 무엇보다도 시장이 배금주의를 확산시켜 사람들을 도덕적으로 타락시킬 뿐 아니라 '선한 삶'을 누릴 수 없게 만들었다고 믿었기 때문이다.

하이에크를 포함한 대부분의 경제학자들은 인류가 존속하는 한 유한한 자원과 무한한 욕망 사이에서 합리적 선택을 해야만 한다는 경제적 문제는 영원하다고 생각한다. 하지만 케인즈는 대규모의 전쟁이나 인구 증가만 없다면, 우리 사회의 경제적 문제는 100년 내에 해결될 것이라고 믿었다. 경제적 문제가 해결된 케인즈의 유토피아 속에서 인류는 시장경제의 사이비 도덕률에서 빠져나와 '선한 삶'이라고 지칭되었던 케인즈 젊은 날의 이상을 진정으로 향유할 수 있다. 케인즈가 전망하는 유토피아의 모습은 1930년에 발표된 청교도적인 에세이『우리 손주 시대의 경제적 가능성 Economic Possibilities for Our Grandchildren』에서 살펴볼 수 있다.

이제 부의 축적이 높은 사회적 의의를 갖지 못하게 됨에 따라 도덕률에도 엄청난 변화가 일어난다. 지난 200년 동안 우리 사회를 지배해온 사이비 도덕률들을 몰아낼 수 있게 될 것이다. 이들 사이비 도덕률은 인간들의 가장 저열한 속성을 가장 고결한 덕목의 지위로 격상시켰다. 이제 화폐적 동기들의 진정한 가치를 제대로 평가할 수 있게 된다. 화폐를 소유의 대상으로 사랑하는 행위는 특별한 치료를 필요로 하는 정신질환이나 범죄의 일종으로 간주될 것이다. 이제 화폐는 목적의 자리에서 내려와 인생을 향유하는 수단이라는 본연의 지위로 돌아가게 된다. …… 우리는 오늘날의 부자들이 그것을 사용하는 방식과는 전혀 다른 방식으로 새롭게 발견된 자연의 풍요를 사용할 수 있게 될 것이다. 또한 오늘날의 부자들과는 전혀 다른 인생의 계획을 우리 자신을 위해 설계할 수 있게 될 것이다. 보다 많은 시간들을 우리 자신을 위해 사용하게 될 것이며 사회 구성원으로서 행해야 할 의무와 책임도 줄어들 것이다. 대신 보다 많은 것들을 공유하기 위한 자발적인 노력을 기울이게 될 것이다. …… 수단보다 목적이 높이 평가되고, 유용성보다는 선이 선호될 것이다. 우리는 어떻게 하면 시간을 고결하게 사용할 수 있을지 가르쳐주는 사람과, 들판에 핀 백합처럼 자연 그대로의 사물로부터 직접적인 기쁨을 이끌어낼 수 있는 유쾌한 사람을 존중하게 될 것이다.

하지만 이러한 유토피아가 조만간 도래하는 것은 아니다. 따라서 경제적 문제가 존재하고, '유용한 삶'이 '선한 삶'을 압도하는 과도기를 슬기롭게 관리하는 것이 중요한 과제가 된다. 케인즈는 이 과정에서 경제학자의 역할이 중요하다고 믿었다. 그가 생각하는 경제학자는 치과 의사와 같은 존재다.

> 경제적 문제의 중요성을 간과해서는 안 된다. 즉 예정된 필연성을 위해 중요하고 항구적인 문제들(한 사회의 필요에 대응해 자원을 어떻게 배분할 것인가의 문제)을 희생시켜서는 안 될 것이다. 이들은 치과 의사와 같은 전문가들이 해결해야 할 문제들이다. 경제학자들이 치과 의사처럼 유능하면서도 겸손하게 처신할 수 있다면 참으로 보기 좋을 것이다.

법의 지배 케인즈는 하이에크에게 보낸 편지의 마지막 구절에서 '올바른 도덕적 사유의 회복'에 나설 것을 권유하고 있다.

> 당신의 십자군들을 그 방향으로 돌릴 수 있다면, 당신은 돈키호테와 같은 감정을 느끼지 않게 될 것입니다.

케인즈는 과거에도 하이에크가 한 가지 생각에 몰두한 나머지 지나치게 비현실적이며 경직된 사고를 한다고 생각했다. 그가 하이에크를 '논리 기계' 또는 '돈키호테'라고 야유했던 것도 이 때문이었다. 실제로 하이에크는 양식 있는 시민의 감각과는 동

떨어진 주장으로 그 옹호자들을 난처하게 만들기도 했다. 독일·프랑스·영국이 미국의 주^{州}로 편입되어야 한다거나, 남아프리카공화국의 인종차별은 부당하지 않다거나, 칠레의 피노체트$^{Augusto\ Pinochet,\ 1915~2006}$ 독재 정권을 높게 평가해야 한다거나, 미국 및 영국과 긴장 관계에 있던 이란(1979)과 아르헨티나(1982)를 폭격해야 한다는 등의 주장이 대표적인 사례다.

하지만 하이에크를 진정으로 아프게 했던 것은 나쁜 정부 개입과 좋은 정부 개입이 어떻게 다른 것인가를 얘기할 수 있어야 한다는 비판이었다. 제2차 세계대전 이후 발간된 그의 저작들은 이러한 비판에 대해 스스로 납득할 수 있는 대답을 찾고 이를 체계화하려는 시도였다. 그중에서도 1960년 발표된 『자유헌정론$^{The\ Constitution\ of\ Liberty}$』과 노벨상 수상 이후 발표된 『법, 입법 그리고 자유$^{Law,\ Legislation\ and\ Liberty}$』(1973~1979)가 대표작이라고 할 수 있다.

하이에크는 제2차 세계대전 직후부터 이러한 문제의식 위에 '버려진 길$^{abandoned\ road}$'로 전락한 당대의 자유주의를 바로 세우는 작업에 착수한다. 이것은 자유주의의 원리를 바탕으로 국가의 역할을 탐구하는 작업이기도 했다. 하이에크는 자유를 보장할 새로운 질서의 모색과 관련해, 민주주의에 대해 비판적이었다. 그는 왜 민주주의를 자유와 상반되는 것으로 보았는가? 하이에크에게 자유란 개인이 하고 싶은 일을 하거나 자신의 뜻대로 선택을 하는 것이 아니라, 개인의 기호나 의지를 뛰어넘는 규칙에 기반하는 것이다. 이 규칙은 개인의 의지를 넘어서지만 초월적으로 주어지지는 않는다. 이것은 역사의 시행착오와 더불어 사회에서 쌓이고 만들어진 관습과 전통이라는 과거의 경험 위에서 있다. 하이에크가 강조했던 점은 역사나 경험 속에서 만들어진 규칙에 기초를 두지 않는 자유는 무의미하다는 것이었다. 그런데 민주주의는 대중의 집단적 선택을 중시하여 사람들에게 규칙 자체를 자의적으로 바꿀 권리를 부여하는데, 이것은 자유의 '조건'을 무너뜨리는 셈이 된다. 즉, 민주주의를 무조건 승인해 버린다면, '자유'의 조건이 파괴될 수 있다는 것이다. 하이에크가 입법과 행정의 구별을 강조한 것도 이러한 맥락에서 파악할 수 있다. 입법, 곧 자유의 조건이자 사회의 규칙인 법률을 만드는 작업에 대해서 민주주의의 원리를 제한 없이 적용해서는 곤란하다는 것이 그의 신념이었다.

『법, 입법 그리고 자유』는 '법의 지배 rule of law'라는 주제 아래 법적인 의미에서 개인의 자유를 수호하는 데 가장 공헌할 수 있는 헌법적 계약이 무엇인가를 탐구한다. 하이에크가 생각하는 자유란, 자기 자신·행동·소유물을 법이 허락하는 범위 내에서 하고 싶은 대로 처분하고 관리하는 것, 곧 다른 사람의 독단적인 뜻에 종속되지 않고 자신의 뜻에 자유롭게 따르는 것이다. 이러한 의미에서 '법'은 인간 자유의 질서이다. 법은 추상적 원리로서의 자유를 구체적 자유 또는 권리로 바꿔줌으로써 막연한 개념에 불과했던 자유를 정돈시키기 때문이다. 법은 이러한 전환을 통해 무형의 자유를 유형의 '재산'으로 경제화시킨다. 결국 자유는 법의 목적이며, 법은 자유를 가능케 하는 수단으로 상정된다.

하이에크에게 법은 가장 중요한 수단이며 자유의 필수조건이다. 사회는 '목적'이나 '인간'이 아니라 '법'에 의해 지배되어야 한다. 이때 법이란 자생적 질서로서의 법, 즉 입법에 의해 계획되는 것이 아니며, 관습과 사법부의 판결에 의해 점진적으로 진화하는 그 무엇이다. 또한 '법의 지배'는 '인간의 지배'에 대한 대립 개념으로서, 자유의 안전장치이자 법적 구현물이다. 법의 지배란 정부가 항상 미리 결정하고 선포된 규칙에 따라 행동해야 한다는 것을 의미한다. 반면 계획은 상황의 변화에 따라 변할 수밖에 없는 자의적인 규칙을 필요로 한다. 이는 계획이 법의 지배와 양립 불가능함을 뜻한다.

이때 법이 자유를 보장하려면 두 가지 조건을 갖추어야 한다. 하나는 모든 사람들에게 평등하게 적용되어야 한다는 조건이다. 이런 점에서 법이란 모두에 대해 공평하게 적용될 수 있는 일반적이고 추상적인 규율이라고 할 수 있다. 두 번째 조건은 법의 확실성이다. 법의 확실성은 경제활동을 원활하게 하는 가장 중요한 요소이기도 하다. 하이에크는 이러한 원칙 위에 법의 지배를 가능케 할 제도적 처방도 함께 제시한다. 권력의 분립을 통해 행정·사법·입법부가 서로를 견제함으로써 자유를 보호해야 하고, 연방주의를 통해 중앙집권적 정부로부터 개인을 보호할 수 있어야 하며, 공법을 최소한으로 줄이고, 이를 사법으로 대체해야 한다.

그렇다면, 우리의 현실은 어떤 모습일까? 게임의 규칙이 모든 사람에게 동일하게 적용된다고 말할 수 있을까? 유사한 수준의 불법행위에 대해서도 대기업 총수의 경우에는 그동안의 사회경제적 공헌이나 기업의 해외 신인도 등을 고려해 관대하게 법이 적용되는 반면 도움을 청할 잘 나가는 지인도 돈도 없는 사람의 경우에는 자신의 정당한 권리도 행사하지 못한 채 냉혹한 법 적용을 받는 상황을 종종 목격하곤 한다. 많은 이들이 '유전무죄 무전유죄'라는 말에 고개를 끄떡이고, 문제가 생기면 목소리부터 높이며 정부 정책이나 공권력에 대해 냉소적인 반응을 보이는 이유는 무엇일까? 하이에크가 말하는 '법의 지배'가 진정으로 의미를 가지려면 법의 적용과 집행과정에 남다른 영향력을 행사할 실질적인 힘을 가진 사람들, 곧 '기득권층'의 진지한 자기성찰이 선행되어야 한다.

만남 6

자유방임경제에서
혼합경제로

**케인즈의 시대가
도래하다** 　새자유주의와 투자의 사회화

　케인즈에 의하면 적절히 제어되지 않는 무한 경쟁은 인간을 승자의 탐욕과 패자의 불안으로 가득 찬 약육강식의 정글로 몰아넣는다. 나아가 수단이 목적을 지배하는 반윤리적 사회를 낳는다. 이런 사회에서 사적 이익과 사회적 이익이 조화를 이루며, 개인의 자유를 구현하는 것은 '불가능한 꿈'이 된다. "시장경제 최대의 경제적 해악은 위험·불확실성·무지"이다. 왜냐하면 "특정한 개인들과 거대 기업이 불확실성과 무지를 이용하여 이익을 얻고, 그 결과 극단적인 부의 불평등이 생기기 때문이다. 고용이 불안전해지고, 사업가들의 합리적인 기대마저 충족되지 못하며, 효율과 생산에 차질이 발생하는 것 또한 이들 해악에서 비롯된다(『자유방임주의의 경제적 종언』중에서)."

　세기말의 자본주의는 자유방임주의 원칙이 지배하는 가운데 대공황을 경험했다. 케인즈가 우려했던 자본주의 시장경제의 가장 큰 해악인 불안정성과 대량 실업이 현실로 나타난 것이다. '새자유주의자들'은 이러한 현실을 타개하려면 시장의 전횡에 대한 규율과 개인의 진정한 자아실현을 겨냥해 상호협력과 합의를 이끌어낼 여러 제도가 도입되어야 한다고 주장했다. 젊은 시절의 케인즈가 최저임금제·노동조합·누진 소득과세·주요 산업시설의 공공 소유와 같은 정책에 긍정적인 입장을 보였던 것도 같은 맥락에서 이해할 수 있다. 그리고 개인의 실질적인 자유를 늘리기 위해서도 여러 사람들의 경제적 삶에 직접적인 영향을 미치는 사안과 관련해서는 시장의 수요공급 원리 대신 '공정하고' '이성적인' 수준에서 결정되는 사회구성원들의 합의와 정부의 역할이 필요하다고 보았다. 즉 가계와 기업에 더해 정부가 제3의 경제주체로 나설 때 비로소 이 문제를 해결할 수 있다는 것이다. 이른바 '큰 정부'가 바로 그것인데, 케인즈 자신은 이 표현보다는 '투자의 사회화 socialization of investment'라는 용어를 더 선호했다. 『일반 이론』의 마지막 장인 「일반 이론이 도출하는 사회철학에 관한 결언 Concluding Notes on the Social Philosophy Towards which the General Theory Might Lead」에서 케인즈는 다음과 같이 진술한다.

> 국가는 앞으로도 조세 체계와 이자율의 결정, 그 밖의 여러 방식들을 통해 소비 성향에 주요한 영향력을 행사할 것이다. 더욱이 이자율을 겨냥한 금융 정책은 적정 수준의 투자율 달성에 결정적인 영향을 미칠 것으로 보인다. 따라서 나는 포괄적인 투자의 사회화야말로 완전고용에 가까운 상태를 달

성할 유일한 수단이라고 믿고 있다.

『일반 이론』

    투자의 사회화에는 일차적으로 정부의 재정 정책이 포함되며, 소비성향 및 투자성향의 조정을 위한 정부의 각종 거시경제적 개입들도 여기에 속한다. 투자의 사회화를 통해 완전고용이 달성되기만 하면, 시장은 경제적 효율성과 선택의 자유 그리고 삶의 다양성을 실현하는 최상의 자원 배분 공간이 된다. 케인즈는 정부가 다양한 공공 정책을 펼친다면 민간의 부족한 유효수요를 보충해 줄 뿐 아니라 기업가의 투자에서 비롯되는 불안정성도 크게 완화시킬 수 있다고 믿었다. 특히 정부의 공공 지출이 사회보장이나 의료·교육 등에 사용됨으로써 시장경제의 불가피한 속성이었던 빈부격차를 완화하고 사회통합에도 기여할 수 있다고 생각했다. 그러나 이것이 반드시 중앙정부의 권력 강화를 뜻하지는 않는다. 분권화와 더불어 반^{半}독립적인 행정조직이나 기업들이 이러한 업무를 수행하되 이 과정에서 의회의 궁극적인 통치나 민주주의 원리가 손상되지 않도록 하면 된다고 보았다. 사회정의와 안정을 위해 경제적 힘을 의식적으로 통제하고 규율하기란 기술적으로나 정치적으로나 대단히 어렵지만, 그럼에도 그 해결책을 찾는 것이야말로 '새자유주의'의 진정한 사명이라고 케인즈는 회상했다.

    제2차 세계대전이 마무리된 1946년 케인즈는 세상을 떠났다. 하지만 자본주의 경제는 바로 그때부터 본격적으로 그가 희망하던 방향으로 순항을 시작했다. 바야흐로 '케인즈의 시대^{Keynesian}

era'가 도래한 것이다. 선진 자본주의 국가들은 시장과 정부의 두 축을 적절히 활용하고 투자의 사회화를 한껏 구사하면서 전후 30년 동안 유례없는 호황을 누리게 된다. 훗날의 역사가들은 이 시기를 자본주의의 '황금시대 Golden Age'라고 불렀다. 황금시대라는 이름에 걸맞게 당시 선진 자본주의 국가들은 완전고용, 완만한 경기 변동, 대량 생산과 대량 소비의 호응, 건강·주거·교육의 개선, 보편적 복지의 혜택 등을 통해 성장과 분배라는 두 마리 토끼를 효과적으로 잡을 수 있었다. 당시 서방 선진국의 경우 1914년 이전의 가장 높은 성장률이 1.4퍼센트에 불과했던 반면, 황금시대에는 연평균 3.8퍼센트의 경제 성장률을 기록했다. 오늘날의 성장률이 2퍼센트에 미치지 않는 것과 비교해보면, 당시의 경제 성적표가 얼마나 좋았는가를 간접적으로나마 실감할 수 있다.

 이러한 고성장은 무엇보다도 노동 생산성이 연평균 5.5퍼센트 상승함에 힘입은 것으로, 생산성 상승의 열매는 임금 상승을 통해 노동자들에게 분배되었다. 노동자들에게 높은 노동 생산성을 요구하고 대신 생산성 상승의 성과를 높은 임금으로 공유했으며 이로 인해 높아진 노동자들의 구매력은 다시 대량 생산품들의 유효수요로 작용하는 선善순환의 연쇄회로가 작동하던 시절이었다. 학자들은 이를 포드주의 Fordism 축적 체제라고 부른다. 당시의 남성 청소년들은 고등학교를 졸업할 무렵 세 가지의 '48'을 기대할 수 있었는데, 48년 간의 고용 보장, 연간 48주 근무, 주당 48시간 노동이 그것이다. 빠르게 성장한 노동조합은 사용주와의 단체교섭을 통해 매년 조합원의 실질 임금을 확실히 올릴 수 있었고, 노조원들은 컬러 텔레비전·자동차 등을 구입하면서 자녀를 대학에 보낼 수 있었다.

또한 제2차 세계대전 이후의 세계는 '케인즈의 시대'라는 이름에 걸맞게 자유방임주의가 쇠퇴하고 국가의 역할이 중시되었다. 사회주의자·자본가·노동조합원 나아가 보수주의자들까지도 '혼합경제'의 장점에 대해 의견의 일치를 보았으며, 자원 배분을 시장에 맡겨 최선의 자원 배분이 이루어지지 못하는 '시장 실패'의 상황에서는 조세나 보조금을 통해 이를 교정해야 한다는 생각이 널리 받아들여졌다. 전체 GDP에서 정부 예산이 차지하는 비중이 크게 늘어났고, 정부는 재정 정책과 통화 정책을 통해 경기 변동을 최소화하고 완전고용을 달성하는 데 적극적인 역할을 담당했다. 정부는 경제학의 도움에 힘입어 시민의 안녕과 복지를 증진하는 중요한 주체가 될 수 있었다.

이처럼 사회적 문제를 해결할 책임을 맡은 정부에 개혁과 조절과 통제에 필요한 수단을 제공한 것이 바로 케인즈주의 경제학(Keynesian economics)이었다. 황금시대와 복지국가는 자본주의의 정상적인 형태로서 영원히 지속될 것처럼 여겨졌고 완전고용을 위한 정부의 적극적인 개입을 자본주의의 당연한 특징으로 생각하게 되었다. 케인즈주의 경제학에 의해 경기 변동·대량 실업·대공황은 영원히 제거된 것처럼 보였고, 자유방임 자본주의 또한 역사의 뒤안길로 확실히 사라졌다고 믿어졌다.

**소외된
하이에크가 찾은 해답**   이제 세상은 하이에크가 이상적인 사회라고 생각했던 19세기의 영국과는 다른 방식으로 운영되었다. 케인즈는 죽었지만, 세상은 케인즈의 가르침에 따라 움직이고 있었다. 하이에크는 살아 있었지만, 『노예의 길』이 경고한 어두운 예언은 실현되지 않았다. 고전적 자유주의와 자유방임 경제가 사라졌지만, 사회 민주주의가 전체주의로 변질되지도, 런던 거리에 비밀경찰이 출몰하지도 않았다. 요컨대, 사람들은 시장과 정부의 적절한 배합을 통해 자유를 위축시키지 않으면서도 어느 때보다도 높은 경제 성장률을 구가하는 새로운 시대에서 살아갈 수 있었다. 하이에크는 자유방임 자본주의와 사회주의 계획경제의 빈약한 대체물이라며 혼합경제를 거부했지만, 현실적으로 이 '제3의 길'은 두 체제에 비해 훨씬 우월하다는 점을 입증했다. 대부분의 사람들이 자유방임경제 보다는 혼합경제를 더 선호할수록, 여기에 결코 동의할 수 없었던 하이에크의 고독은 깊어질 수밖에 없었다.

제2차 세계대전 이후의 하이에크는 사실상 역사의 무대에서 사라진 인물이었다. 대부분의 경제학자들은 그를 케인즈와의 논쟁에서 패배한 시대착오적이고 극단적인 자유시장의 옹호자로만 치부했다. 1950년 하이에크는 그동안 활동했던 LSE를 뒤로 하고 자유시장주의의 본산인 시카고 대학으로 거처를 옮겼다. 세상으로부터 잊혀졌지만, 그는 혼합경제를 비판하고 자유시장경제와 경제적 자유주의를 옹호하는 연구 작업을 결코 중단하지 않았다. 혼합경제에 대한 사람들의 지지가 높아질수록, 하이에크의 사명감은 오히려 커졌다. 하지만 경제적 자유주의를 옹호하기에 앞서 풀어야 할 과제가 있었다. 자신을 괴롭혀 온 오랜 물음에 대해 스스로 납득할 수 있는 답을 찾아야 했다. 그 물음이란 경제적 자유주의·자유시장·자유방임 자본주의가 다른 사상이나 체제들에 비해 우월함에도 불구하고 사람들의 지지를 얻는 데 실패한 이유는 무엇일까였다. 이후 하이에크는 그 해답을 찾는 데 자신의 남은 인생을 걸었고, 그 결과물이 바로『자유헌정론』과『법, 입법 그리고 자유』3부작이었다.

하이에크가 발견한 첫 번째 해답은 유럽 대륙의 합리주의가 사람들을 미혹시키고 있다는 점이었다. 그는 서방 사회를 지탱해온 지배적인 사상이었던 자유주의 자체가 두 개의 경향으로 대립해왔다는 사실에 주목했다. 자유와 시장경제를 존중하는 영국의 진화적 자유주의와, 데카르트 René Descartes, 1596~1650에 뿌리를 두고 인간의 '이성'을 지나치게 신뢰하는 대륙 전통의 합리주의·구성주의가 바로 그것이다. 하이에크에 따르면, 전자는 '좋은 자유주의'이자 '진짜 개인주의'인 반면, 후자는 계획·공산주의·사회 민주주의·혼합경제 등에 철학적 명분을 제공하는 '나쁜 자유주의'이자 '가짜 개인주의'였다.『노예의 길』에서는 자유주의의 적으로 독일을 집중적으로 거론했으나 제2차 세계대전의 종전과 함께 파시즘은 사라졌다. 또한 케인즈와 같은 자유주의자를 독일 이념의 추종자로 고발하는 것도 더 이상 효과적인 전략이 될 수 없었다. 이러한 상황에서『자유헌정론』은 진정한 자유주의를 방해하는 구성주의의 대표적인 사례로 프랑스의 합리주의를 주목하게 된다.

『자유헌정론』에 따르면, 진정한 개인주의와 진정한 합리주의는 자유가 무엇인지를 알고 있던 17~18세기의 영국에서 출현했으며, 가짜 합리주의는 자유가 무엇인지를 알지 못했던 대륙, 특히 프랑스에서 출현했다. 영국적 전통에서는 인간 이성의 한계를 인식하고 시행착오를 통해 어디에서 무엇이 잘못되었는가를 찾아냄으로써 이성을 조금씩 전진시킬 수 있었다. 또한 개인의 자유를 우선시했으며, 집단적 의도나 결과로부터 수반되는 모든 종류의 강압에도 반대했다. 반면, 프랑스적 전통은 이성의 무한한 권능을 맹목적으로 신봉했다. 자유·평등·박애를 추구했던 프랑스 혁명이 폭력적으로 변질된 것도 이 때문이었다. 벤담류의 사회공학이나 새로운 자유주의가 내세운 복지국가 등 다양한 전체주의적 민주주의의 뿌리는 모두 프랑스의 가짜 합리주의로 거슬러 올라간다.

하이에크는 특히 진정한 진보란 계획에 의해서는 결코 달성할 수 없다며 사회가 어떻게 작동되는가에 대한 제대로 된 이론을 제시할 수 있었던 영국적 전통이 영국에서마저 위축된 것에 아쉬움을 표했다. 진정한 자유주의에 기반한 정책을 따랐을 때, 영국은 압도적인 번영과 자유, 세계 패권국의 지위를 누릴 수 있었지만, 평등주의적 개입주의로 전환하면서 영국의 영광과 패권을 잃게 되었다는 것이다.

그러나 이러한 인식은 현실과 부합하지 않았다. 무엇보다도 전후 영국의 경제 성장률은 예전보다 더 높았다. 또한 하이에크의 주장처럼 영국적 전통이 이론적으로 타당하고 현실적으로도 성공했다면, 왜 영국인들은 자신의 오랜 전통을 부정하는 길을 선택했는가에 대답하기도 쉽지 않았다. 하이에크는 이 어려운 물음에 맞서 인간 본성의 심리적이고도 생물학적 요인에 주목했다. 오랜 탐구 끝에 하이에크는 프랑스 계몽주의의 경우 인간의 자존심과 야망, 곧 '오만hubris'에 호소할 수 있었기 때문에 눈부신 성공을 거둘 수 있었다는 결론을 내렸다. 그의 입장에서 보자면, 행복과 사회정의를 보장할 완벽한 사회적 질서를 갈망하는 합리주의와 공명하는 것이 바로 오만이었다. 고전적 자유주의는 사람들이 합리적이기 때문에 폐기된 것이 아니라 사람들이 이성의 한계를 인정할 만큼 충분히 합리적이지 않았기 때문에 폐기되었던 것이다. 대륙 전통의 합리주의는 번영과 자유를 가로막는 가정들 위에 서 있음에도 불구하고 인간의 보편적 특성인 오만에 편승할 수 있기 때문에 광범위한 지지 세력을 얻을 수 있었던 것이다. 이는 프랑스의 합리주의나 독일의 역사주의에만 관철되는 것이 아니라 모든 인류의 속성이므로, 자유주의적 원리를 둘러싼 타협을 거부해야 할 필요성은 그 어느 때보다도 고조되고 있다는 것이 하이에크가 찾은 해답이었다.

"자유의 적은 인간의 정신 속에 있다"

하이에크의 영광과 초조

1974년 스웨덴 왕립 아카데미는 세상 사람들의 예상을 벗어난 뜻밖의 선택을 했다. 군나르 뮈르달 Gunnar Myrdal, 1898~1987*과 하이에크를 그 해 노벨경제학상 수상자로 결정한 것이다. 스웨덴 사회 민주주의의 상징적 인물이자 저명한 케인즈주의자였던 뮈르달을 염두에 둔 것이었지만, 자국 이기주의라는 인상을 주지 않기 위해 보수적인 인물을 공동 수상자로 선택함으로써 균형을 맞추려 했다는 것이 이 소식을 접한 많은 사람들의 반응이었다. 그 진실이야 어떻든, 왕립 아카데미의 선택은 '의도하지 않은 결과'를 낳았다. 시대착오적인 낡은 유물로 폄하되었던 하이에크를 다시 무대의 중앙에 세웠을 뿐 아니라, 경제학의 지적인 무게중심을 자유시장에 대한 신뢰로 옮기는 결정적인 계기로 작용했기 때문이다.

이제 강단의 경제학자들은 물론 각국의 정책 결정자들은 70대가 되어서야 명예를 회복한 이 재미없고 완고한 오스트리아인의 얘기를 경청하기 시작했다. 이후 지적 헤게모니는 고전적·경제적 자유주의 쪽으로 다시 이동하기 시작했으며, 대처와 레이건 Ronald W. Reagan, 재임 1981~1989 의 집권과 함께 세상은 새로운 자유주의의 원리를 중심으로 새롭게 조직되기 시작했다. 하이에크는 드디어 불가능해 보였던 꿈을 이루어낸 것이다.

그러나 『법, 입법 그리고 자유』 3부작을 보면, 마침내 승리했다는 도취감이 엿보이긴 하지만, 만족이나 낙관의 기미는 보이지 않는다. 세상을 보는 그의 시선은 여전히 절제되어 있으며 어둡다. 사람들이 바뀐 세상에 환호하거나 절망했을 때, 그는 전체주의를 향한 흐름이 오히려

:: 군나르 뮈르달

스웨덴 출신의 경제학자. 특히 개발도상국에 관한 연구에서 큰 업적을 남겼는데, 부유한 국가와 빈곤한 국가의 경제적 차이가 규모의 경제에 의해 심화된다는 점을 지적했다. 주요 저서로는 『화폐균형론 Monetary Equilibrium』(1939), 『아시안 드라마 : 각국의 빈곤에 관한 연구 Asian Drama: An Inquiry into the Povery of Nations』(1968) 등이 있다.

심화되고 있다며 깊은 우려를 표명했다. 자신의 승리가 확인되고 있는 시점에서도 경계심을 늦추지 않았던 이유는 '자유의 적은 인간의 정신 속에 자리잡고 있다'는 판단 때문이었다. 자유를 억압하는 본능이 인류의 유전자 속에 각인되어 있다면, 비록 지금 이 시점에서 계획과 전체주의가 사라진 것처럼 보일지라도, 언제라도 이제까지와는 다른 모습으로 다시 발흥할 수 있다는 것이다. 말년의 하이에크가 떨쳐버릴 수 없었던 초조의 한쪽에는 깨어있는 정신으로 이러한 가능성에 항상 대비해야 한다는 결의가 함께하고 있었다.

하이에크는 다수결 민주주의의 '의도하지 않은 결과'가 고전적 자유주의를 손상시켰으며, 사회정의의 이름으로 행해진 자유시장에 대한 개입으로 인해 자유와 효율이 억압되었다고 믿었다. 케인즈가 자유방임주의로부터 자본주의를 구출하는 데 자신의 일생을 바쳤다면, 하이에크는 자유시장 질서의 복원과 이를 보장하는 헌정 규칙의 수립을 통해 고전적 자유주의와 자본주의를 복원하는 데 일생을 바쳤다. 그는 이 과정에서 전체주의와 집산주의의 발흥이 자유방임 자본주의의 내재적 약점에서 비롯된 불가피한 흐름이라는 주장에는 끝까지 동의하지 않았지만, 인간의 본성은 이기적이고 개인주의적이라기보다는 이타적이고 공동체적이라는, 고전적 자유주의의 반대자들이 제기한 주장을 사실상 수용한다. 이제 사회주의는 합리주의의 단순한 환상이나 잘못된 이념이 아니라 유전적으로 계승된 인류의 기질이 된다.

하이에크가 새롭게 발견한 인간의 본성은 고전경제학·신고전경제학·공공 선택 이론에서 상정하는, 이기적이고 합리적으로 계산하는 존재와는 거리가 멀었다. 하이에크에 따르면, 인간은 태초에 작은 무리를 이루면서 살아가는 동안 평등이나 연대감과 같은 집산주의적 감정이 신경 구조로 형성되었는데 이 감정이 오늘날까지도 호모 사피엔스의 속성으로 남아 있다. 시장과 분업에 기반한 현대의 '거대한 사회 Great Society'가 제대로 작동되려면 이러한 내적·자연적 본능을 억제하는 것이 필요하지만, 집산주의의 힘은 유전자에 의해 추동되는 것이므로 쉽게 저지될 수 없다. 이는 시장 질서와 자유가 항구적이고 심각한 위험에 직면해 있음을 의미한다.

> **인간이 여전히 자연스러운 감정이라고 느끼는 것과 열린 사회의 보존에 필요한 규율 사이에는 갈등이 존재할 수밖에 없으며, 그로 인해 자유는 언제라도 깨어질 위험을 안고 있다.**
>
> 『법, 입법 그리고 자유』 (2권 「사회정의라는 환상」)

집산주의적 정서가 인간의 본능이라면, 이 본능은 '이성'으로 통제할 수 있을지도 모른다. 그러나 하이에크의 입장에서 보자면 사회주의와 전체주의의 기획이 바로 이 '이성'에 대한 무조건적인 신뢰에 기반하고 있었다는 점을 고려할 때, 이성은 본능을 통제하는 합리적인 무기가 될 수 없다. 인간의 이성도, 인간의 본능도 신뢰할 수 없다면 거대한 사회, 곧 복잡한 현대 시장 사회를 떠받칠 수 있는 것은 무엇인가? 하이에크는 그 수단을 '전통'에서 찾는다.

우리는 여전히 자연적인 것이 반드시 좋은 것이라고 믿고 있다. 그러나 위대한 사회에서 자연적인 것은 좋은 것과 거리가 아주 멀다. 인간에게 선한 것은 자연이나 이성이 아니라 전통이다.

『법, 입법 그리고 자유』 (3권 『자유인의 정치 질서』)

하이에크의 입장에서 보자면, 전통은 이성이나 계획의 산물이 아니라는 장점을 지니며, 종교나 가족과 같은 유연한 제도들과 함께 시장을 떠받쳐준다. 인간의 사유재산에 반대하는 오만한 기획과 집산주의적 본능을 저지해주는 것이 바로 종교와 가족이다. 이때 시장은 한편에서는 종교·가족 등의 전통적 제도의 도움을 받고, 다른 한편에서는 고된 노동의 윤리·개인의 책임·경쟁과 같은 원칙들의 도움을 받는다. 이로써 시장은 거대한 사회에는 더 이상 적합하지 않게 된 본능적 정서를 효과적으로 억제하는 유일한 비전통적 제도로 존재하게 된다.

하이에크는 특히 교회나 가족이 사유재산을 옹호한다는 점에 주목한다.

지난 2000년간 종교의 창시자들 중 많은 이들이 소유와 가족에 반대했다. 그러나 소유와 가족을 지지한 종교들만이 살아남았다. 따라서 소유와 가족에 대해 부정적인 공산주의의 전망 또한 밝지 못하다고 보아야 한다.

『치명적 자만 The Fatal Conceit』 (1989)

가족과 종교는 때로는 국가와 독립적으로 때로는 국가에 맞서 출현했으며 어떠한 경우에도 자치의 수단을 확보하고 있었다는 점에서 일종의 '자생적 질서'이다. 이들은 국가의 구성물이 아니며, 집산주의적 계획의 결과물도 아니다. 무엇보다도 종교는 창시자들의 평등주의적이고 집산주의적인 가르침과는 상반되는 방향으로 전개되었다는 점에서 '의도하지 않은 결과'나 '자생적 질서'를 강조하는 하이에크의 입장에도 부합된다. 이처럼 교회나 가족 나아가 권위주의 국가와 같이 역사적으로 비자유주의적이었던 제도라고 하더라도 사유재산과 시장 질서의 강화에 기여하는 한 이를 긍정적으로 보았던 것이야말로 하이에크를 자유의지주의 libertarianism 등 여타 보수적 자유주의와 차별화하는 중요한 특징이라고 할 수 있다.

이처럼 집산주의와 전체주의는 전통과 시장 그리고 추상적 원칙의 힘으로 억누를 수 있다. 그러나 인간의 본성에 내재해 있는 것은 아무리 억압을 받더라도 근본적으로 제거되지 않으며, 작은 기회라도 생기면 힘을 회복해 다시 출현할 것이라는 부단한 위협이 상존한다. 하이에크의 입장에서 보자면, 교회·가족·시장 심지어 권위주의 정권의 연합으로도 '격세유전 atavism'하는 집산주의의 출현을 막는 것은 불가능하며, 이들과의 싸움은 인류가 존재하는 한 지속될 수밖에 없다.

이데올로그로서의 하이에크

좋은 자유주의가 나쁜 자유주의로, 그리고 자

유방임 경제가 혼합경제로 왜 대체되었으며, 자유방임 자본주의가 최종 승리를 거둔 것처럼 보이는 오늘날에도 왜 경계를 늦추어서는 안 되는지를 설명하기 위해 하이에크는 막대한 비용을 지불해야만 했다. 자유주의와 관련해 과거 자신의 주장 중 많은 부분을 철회해야 했으며, 스스로 유지되는 복잡한 질서에 대한 섬세한 접근도 현저하게 훼손되었기 때문이다. 자유의 주체인 개인은 집산주의적 유전자를 가졌다는 점에서 계몽이 필요한 대상으로 전락했으며, 전체주의를 자유주의 최대의 공적으로 공격하면서도 중남미의 권위주의 군사 정권을 옹호하는 모순을 드러냈다. 더욱이 시장과 자유방임 자본주의를 옹호하기 위해 경제학을 벗어나 이데올로기·심리학·생물학 등 오랜 여정의 도달점은 그 자신이 그토록 비판해온 구성주의와 유토피아주의의 '오만'과 별반 다르지 않아 보인다. 그가 내린 결론을 결국 "자신과 같은 지식인의 도움을 통해 인간 본성을 끊임없이 변화시켜야 한다"는 것으로 요약할 수 있다면 말이다.

한편 하이에크의 논리 전개는 공정하지도 않다. 먼저, 그는 자신이 옹호하는 바람직한 가치, 특히 '자유'와 관련해서는 여러 자유들 사이의 우열과 차이를 최대한 세밀하게 배치했다. 즉, 시장의 자유를 최우선적인 가치로 격상시킨 대신, 정치적 혹은 그 밖의 자유는 상대적으로 부차화했다. 반면, 그가 공격하는 이념들에 대해서는 집산주의로 한데 묶은 채, 이들 사이의 차이는 애써 무시해버렸다. 파시즘과 공산주의는 물론 사회 민주주의와 케인즈주의를 모두 다 전체주의·집산주의적인 것으로 간주하거나 독일의 관념론과 프랑스의 합리주의를 한 묶음으로 치부한 것은 이들 사상에 대한 불성실하고 부당한 취급이라고 하지 않을 수 없다. 이론의 차원에서는 모든 자발적 연합을 긍정적이라고 규정하면서도, 현실에 존재하는 제도에 대해서는 그것이 사유재산에 기여하는지 아니면 혼합경제에 기여하는지에 따라 상반된 평가를 내렸다. 역사적으로 사유재산의 지지물이었던 교회와 가족은 시장의 잠재적·현실적 동맹으로 환영하는 반면, 복지국가나 사회 민주주의의 주요한 구성 요소로 존재하는 노동조합에 대해서는 대단히 비판적이었다.

물론 이러한 이론적 비일관성을 하이에크가 시장 질서를 절대적으로 옹호하려 한 불가피한 결과로 이해할 수는 있다. 그러나 이 점에서 하이에크는 자본주의 시장경제의 특성을 객관적으로 해명하려 한 사회과학자라기보다는 자유방임 자본주의를 정당화하고 옹호하는 것 자체에 목표를 둔 이데올로그^{idéologue*}였다는 평가가 더 적합할지도 모른다. 이러한 평가가 지나친 느낌을 줄 수도 있으므로 애덤 스미스와의 비교를 통해 이 점을 조금만 더 확인해보기로 하자

스미스는 하이에크와 마찬가지로 경제적 자유주의와 자유방임 자본주의를 옹호한 대표적인 인물이다. 그의 대표작인 『국부론』을 보면, 자본주의의 진보에 내재된 역설이 등장한다. 시장경제의 자유와 번영은 궁극적으로 도덕적 타락과 경제적 쇠퇴로 연결된다는 어두운 전망이

∷ 이데올로그

실행력 없는 이론가나 공상가를 일컫는 말. 나폴레옹이 당시 자신을 비판하던 급진적 유물론자들을 공격하기 위해 사용한 말이었다. 현재는 특정 계급이나 당파의 입장을 대변하는 이론적 지도자를 가리키는 말로도 사용된다.

그것이다. 하이에크가 집산주의는 서구 문명의 몰락을 가져오리라고 진단했다면, 스미스는 동일한 운명을 자본주의 그 자체의 속성으로부터 예감했다. 이때 이 두 대가가 역설적 결론에 도달하는 방식의 차이에 주목할 필요가 있다. 하이에크는 자유방임 자본주의의 쇠퇴를 목격하면서 그 원인을 자유방임주의 그 자체가 아니라 잘못된 이념, 인간의 집산주의적 본능 등에서 찾았다. 하지만 스미스는 그 원인을 분업의 한계에 따른 생산성 정체나 지속적인 인구 증가와 제품 가격 상승에서 비롯된 국민 경제의 정체와 같은 자본주의 시스템의 내적 논리에서 찾았다. 스미스는 자유주의의 유능한 '전도사'이기도 했지만, 자본주의 시스템의 메커니즘에 대한 해명을 통해 자신의 주관적 선호와는 별개로 그 운명을 전망하려 했다는 점에서 이데올로그가 아닌 사회과학자의 면모를 보인다.

하이에크의 날카로운 통찰

하이에크는 평생 동안 선과 악의 이분법을 버리지 않았던 극단주의자였다. 또한 자유시장을 옹호하기 위해 자신이 성취한 것과는 상반된 길로 들어서는 자가당착과 자기부정에 빠지기도 했다. 하지만 그가 사회주의와 집산주의를 공격하는 주된 논거로 삼았던 인간 지식의 불완전성이나 자생적 질서의 복잡성에 대한 주장들 속에는 빛나는 통찰이 있다는 점은 부인할 수 없다. 가령 "어떠한 개인도 복잡한 사회 속에서 이루어지는 다양한 개인적 활동 사이의 조정을 완벽하게 조망할 수 없음을 고려"해야 한다는 『노예의 길』에서의 주장, 인간의 본질이 존재하더라도 그것이 무엇인지 정확하게 아는 것은 불가능하다는 인식, 사회는 인간의 의도와는 독립적이며 개별적 행동의 단순한 총합으로는 환원되지 않는 방식으로 진화해간다는 생각 등은 반박하기 어려운 무게를 지니고 있다.

문제는 이러한 통찰이 그의 최종 결론, 곧 자유방임 자본주의의 옹호를 정당화할 수 없다는 점이다. 인간 지식이 불완전하다거나 사회는 인간이 의도한 대로 움직이지 않는다는 주장을 받아들인다고 하더라도, 이것이 "정부나 제도가 시장에 개입을 해서는 안 된다"거나 "사회적 이익이라는 대의 아래 개인의 선택에 제약을 두어서는 안 된다"는 것을 뜻하지는 않는다. 단지, 사회적 목표의 추구를 달성하기 위해 시장에 개입하려면 이 과정에서 일어날 수도 있는 의도하지 않은 부작용들을 충분히 고려하면서 대단히 신중하고 세심하게 이루어져야 한다는 점을 일깨울 뿐이다.

이 점은 심리학적 인지론 또는 진화적 인식론으로 지칭되는 하이에크 고유의 인식론을 통해서도 어느 정도는 확인할 수 있다. 인간이 자신을 포함한 세계를 어떻게 파악하는가에 대한 그의 견해는 『감각 질서 The Sensory Order』(1952)에 잘 나타나 있다. 하이에크에 따르면, 인간의 세상에 대한 인식, 곧 인지는 외부 세계의 물리적 질서에 따라 형성되는 인간의 신경 감각 질서와 정신의 질서 사이의 관계에 의해 성립하는데, 물리적 질서와 다른 두 질서 사이에는 어떠한 구조적 동일성도 존재하지 않는다. 인지는 인간이 지닌 두 질서에 의해 세계의 자료를 분류한 결과로,

이때의 분류 장치가 바로 인간의 마음이다. 인지 또는 정신작용은 마음이라는 분류 장치가 선별적으로 행한 해석의 결과라고 할 수 있다. 물리학적 외부 환경은 무한대의 속성을 갖는 반면, 인간의 분류 장치는 제한적 속성을 가지므로, 마음을 통해 재현되는 외부 세계는 마음이 해석하고 추상화한 세계다. 마음이라는 분류 장치는 선험적으로 주어진 것도, 내재적인 것도, 고정불변하는 것도 아니다. 마음은 외부 세계와의 교섭 행위, 곧 경험을 통해 지속적으로 재조정되며, 이 과정에서 외부 세계에 대한 지식도 축적된다. 즉, 마음은 끊임없는 진화의 과정 위에서 부단히 변화한다.

이때 인간의 두뇌는 자신보다 덜 복잡한 질서의 작용만을 설명할 수 있기 때문에, 분류 장치인 마음이 스스로를 분류의 대상으로 삼고 완전히 파악하는 것은 불가능하다. 다만 원리의 설명이나 패턴의 인식만이 가능할 뿐이다. 중요한 것은 이러한 인식론에 서 있는 한, 시장에 기초한 질서가 가장 바람직하다는 주장은 결코 정당화될 수 없다는 점이다. 또한 모든 사회 이론은 경험에 의해 형성되는 인간들의 주관적 믿음·태도·신념·견해 등에 담겨 있는 사회적 가치들을 전제로 성립하기 때문에, 서로 경합하는 이론들 중 어느 것이 더 우월한지는 선험적으로 결정할 수 없다. 이 점에서 하이에크의 인식론은 회의주의 또는 상대주의의 성격을 띠는데, 이들 철학에 상응하는 윤리는 '관용'과 '다원적 민주주의'의 원리라고 할 수 있다. 세계에 대한 어떤 언명도 명백한 진리일 수 없다면, 다른 견해와 주장들을 허용하는 관용이야말로 미덕이 되며, '다원적 민주주의'의 공간 속에서 이들 사이의 공존과 경쟁만이 의미를 지니기 때문이다.

두 얼굴의 하이에크?

겉으로 드러난 하이에크는 경제적 자유주의만을 배타적으로 내세우고 시장과 사회를 조화시키려는 일련의 시도를 자유의 적으로 거칠게 몰아붙이는 '근본주의자'의 모습을 지니고 있지만, 그 이면에는 인간 지식의 불완전성에 주목하면서 시장 근본주의를 포함한 모든 종류의 '확신범'을 경계하는 '다원주의자'도 함께 동거하고 있다. 조금 다르게 표현하자면, 하이에크에게는 '교조주의자'와 '회의주의자'의 두 얼굴이 있다. 이 두 얼굴 중 어느 쪽을 주목하느냐에 따라 우리 앞에 놓인 여러 고민거리들에 대해 하이에크의 이름으로 전혀 다른 충고를 듣게 될지도 모른다.

최근 뜨거운 쟁점 중의 하나로 떠오르고 있는 '금산분리' 문제를 보자. '금산분리'란 금융 자본과 산업 자본을 원칙적으로 분리해야 한다는 것을 의미한다. 특히 우리의 상황에서는 재벌이 산업 자본을 이용해 금융을 지배하지 못하도록 하는 데 초점을 맞춰, 산업 자본의 은행 소유를 사실상 금지하고, 재벌 계열의 보험사나 증권사 등 제2금융권 회사가 산업 자본의 주식을 보유하고 있을 경우 그 의결권을 제한하는 법률을 두고 있다. 이와 관련해 한쪽에서는 외국인의 은행 소유는 허용하되 재벌은 은행을 소유하지 못하도록 하는 것은 국내 기업에 대한 역차별이며, 의결권을 제한하는 것은 주주의 사유 재산권에 대한 침해라는 주장이 있다. 또한 효율적인 자원 배분과 기업의 성장을 위해서는 오히려 '금산융합'이 필요하기 때문에, 이 '금산분리' 규제를 철폐해야 한다는 더 '센' 주장도 있다. 이에 대해 반론을 펴는 측에서는, 산업 자본이 금융을 지배할 경우 고객들의 자금을 계열회사 확장에 이용하거나 부실한 계열기업을 지원함으로써 불공정한 방식으로 재벌의 경제력을 키울 뿐 아니라, 금융사의 자금이 대주주 계열기업의 무리한 확장이나 위험한 투자 등에 과도하게 동원됨으로써 해당 금융사의 건전성은 물론 전체 금융 시스템의 안정성도 저해할 위험이 있으며, 돈을 빌리는 자와 돈을 빌려가는 자가 사실상 같아져서는 금융이 본연의 기능을 수행할 수 없다는 논리를 제시한다. 이 문제에 대해 하이에크는 어느 쪽의 손을 들어줄까? 우리가 통상적으로 알고 있는 하이에크라면 당연히 금산분리 폐지론의 입장에 설 것이다. 그리고 이렇게 말할 것이다.

> 자본주의 시장경제의 가장 중요한 원칙으로는 기업 활동의 자유가 있다. 자본주의는 이 기업 활동의 자유를 통해서 일자리와 민주주의를 확산시킬 수 있었다. 산업을 영위한다고 해서 금융 분야로는 진출하지 못하도록 제한을 가하는 것은 자본주의의 출발점을 부인하는 것과 다를 바 없는 악법이다. 더욱이 경제력 집중이나 부당한 영향력 행사를 빌미로 이미 확보한 주식의 의결권을 제한하는 것은 사유재산권 보장이라는 자본주의의 대원칙을 허문다는 점에서 크게 우려된다.

하지만 '인간 지식의 유한성이 갖는 한계'에 주목하고 '통제되지 않는 권력의 자의적인 남용 가능성'을 경계하는 '회의주의자' 하이에크라면 다른 결론을 내리고 다음처럼 말할 수도 있다.

권력은 분리되는 것이 바람직하다. 인간의 지식이 유한하고 누구의 판단이 진리인지 알 수 없는 불확실한 세계에서 자원 배분을 독점한 두 기업의 잘못된 판단은 곧바로 사회 전체의 위기로 연결된다. 삼권분립을 통해 행정부와 입법부와 사법부가 서로를 견제하고 감시하는 것이 필요하듯, 산업의 권력과 금융의 권력도 서로를 견제하고 감시하도록 하는 것이 옳다. 정부만 권력을 자의적으로 남용하는 것이 아니다. 기업도 권력을 남용하는 주체가 될 수 있다. 더구나 재벌의 경우 선거에 의해 교체될 수도 없다는 점에서 이들에게 권력이 집중될 경우에는 정부보다 더 위험한 '자유의 적'이 될 수도 있다. 이런 점을 고려할 때, 산업 자본이 금융을 지배하지 못하도록 하는 '금산분리'의 법률은 필요한 규제다. 도전을 중시하는 산업은 사업을 확장해가고, 금융은 산업을 배후에서 돕되 그 결정이 옳은지에 대해 견제하고 감시하는 것이 시장 원리에도 부합된다.

만남 7

케인즈주의의 위기와
신자유주의의 출현

**케인즈주의의
한계가 드러나다**

스태그플레이션

끝없는 호황이 이어질 것 같던 1920년대가 대공황으로 마침표를 찍었듯, 케인즈주의를 바탕으로 했던 전후의 황금시대도 영원히 지속되지는 못했다. 포드주의의 위기가 출현한 것이다. 포드주의의 위기를 가져온 근본적 원인은 자본의 수익성, 곧 이윤율의 하락이라고 할 수 있다. 황금시대 내내 상승하던 이윤율이 1960년대 말을 분기점으로 하락하기 시작했다. 과연 그 이유는 무엇일까? 여기에는 흔히 세 가지 요인이 지적된다. 우선 임금이 노동 생산성의 증가율보다 더 빠르게 상승하면서 자본이 가져갈 이윤의 몫이 줄기 시작했다. 이것은 황금시대 동안 지속된 고도 성장으로 노동력에 대한 수요가 늘어나고 실업자가 줄어든 결과 노동조합의 교섭력이 커졌기 때문이다. 그리고 포드주의의 노동 과정인 테일러주의가 효율성을 상실하면서 노동생산성의 상승폭이 둔화되기 시작한 것도 이윤율의 하락을 가져온 중요한 요인이었다. 찰리 채플린의 〈모던 타임즈〉에 나오는 작업장처럼 구상과 실행을 엄격히 분리해 노동을 위계적으로 통제하는 테일러주의는 처음에는 컨베이어 벨트 시스템을 통해 생산성을 크게 향상시켰다. 하지만 노동자들의 교육 수준이 향상되고 노동의 존엄성에 대한 욕구가 늘어나면서 점차 그 효율성은 약화되었다. 한편 기업간 경쟁격화에 따른 과잉투자도 이윤율을 떨어뜨렸다. 과잉투자는 한편에서는 노동력에 대한 수요 증대로 임금을 상승시키고 다른 한편에서는 과잉설비를 초래해 이윤율을 하락시켰던 것이다.

이처럼 생산성은 하락하는데도 임금은 그대로 유지됨에 따라 황금시대를 가능케 했던 '고생산성 → 고임금·고이윤 → 고구매력'의 선순환 연결고리에 결정적인 균열이 일어났다. 수익성의 위기에 직면한 자본가들은 경기 변동과 노동 시장의 상황에 따라 임금과 고용을 신축적으로 연동시키는 노동 시장의 유연화를 시도하고, 그 결과 황금시대의 근간을 이루었던 노사 간의 포드주의적 타협도 해체를 겪게 되었다.

여기에 더해 사회보장 제도 또한 위기를 맞는다. 전후 서방 선진국들은 사회 통합과 유효수요 창출을 위해 보건·의료·교육·연금 관련 사회보장 지출을 크게 늘렸는데, 시간이 지나면서 기업의 조세 부담 증가로 자본의 수익성이 악화되는 등 적지 않은 문제를 드러내기 시작했다. 조세 저항을 의식해 세금 인상을 자제하고 정부 지출에 필요한 재원을 마련하기 위해 국공채를 발행하자 재정 적자(=조세 수입－정부 지출)가 늘어났다. 급기야는 국공채의 이자를 갚기 위해 돈을 찍어내는 상황까지 발생했으며 이 과정에서 인플레이션이 격화되어 기업의 수익성을 더욱 악화시키는 요인으로 작용했다. 기업들은 전반적인 물가 상승의 기조 속에서 비용과 임금 상승분을 제품 가격에 전가시켰다. 실질 이윤은 늘어나지 않았지만, 화폐 단위로 측정된 명목상의 이윤이 늘어났고, 결국 과세 대상에 포함되지 않았던 기업들까지 법인세를 새롭게 납부해야 하는 등 기업의 전반적인 조세 부담이 크게 늘어났다.

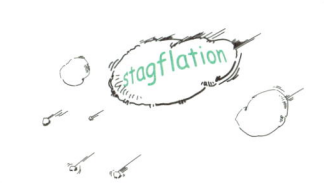

당시 서방 선진국의 정책당국은 이러한 이윤율의 하락을 케인즈주의 경제학의 처방전으로 타개하려 했다. 그러나 수익성 기반이 회복되지 않은 상태에서 유효수요 확대를 겨냥해 시행된 재정·통화 정책은 인플레이션을 가속화시켰을 뿐 경제의 전반적인 생산 능력을 개선하지는 못했다. 결국 생산은 침체되고 고용은 줄어드는 상황에서 물가만 상승하는 불황하의 인플레이션, 곧 스태그플레이션 stagflation 현상이 나타났다. 기존 케인즈주의 경제학의 이론 체계로는 인플레이션이 심화되는 가운데 불황이 지속되는 새로운 현상을 설명할 수 없었고, 이것은 케인즈주의 경제학을 몰락시키는 결정적인 계기가 되었다.

이러한 상황에서 케인즈주의 경제학에 대한 반격이 본격적으로 시작된다. 그 반격의 중심은 프리드먼이 이끌던 시카고 대학이었는데, 하이에크도 여기에 몸담고 있었다. 이들은 케인즈주의에 기초한 방만한 재정 운영과 통화 공급의 남발이 인플레이션의 주범이라며 공격의 날을 세웠다. 케인즈의 후계자들이 경기 변동은 사라졌고 대용량의 컴퓨터만 나온다면 미세 조정을 통해 경제를 의도하는 방향으로 이끌어 갈 수 있다고 낙관론을 펼치고 있을 때, 프리드먼과 그 동료들은 인간이 어떻게 행동하는가라는 문제의식 위에서 케인즈주의 경제학을 대체할 새로운 경제 이론을 벼리고 있었던 것이다.

'철의 여인', 하이에크의 처방전을 선택하다

하이에크는 세계적으로 격화되

는 스태그플레이션 속에서 '시장 질서'의 불가피한 파국을 보았고 그 원인을 케인즈의 처방에서 찾았다.

> 오늘날 인플레이션의 책임은 유감스럽게도 전적으로 케인즈의 학설을 무비판적으로 따른 경제학자들에게 있다. 우리는 케인즈의 경제학적 귀결을 경험하고 있는 것이다.
>
> 『신자유주의란 무엇인가』

특히 그는 1970년대 들어 본격화한 '영국병British disease'의 원인도 케인즈의 오류와 긴밀히 연결되어 있다고 보았다. 당시 영국은 '팍스 브리태니카Pax Britanica'의 번영을 과거로 한 채 고실업과 고인플레이션으로 고통을 겪고 있었고, 성장 잠재력과 경제의 활력 또한 크게 둔화된 상태였다. 하이에크는 '완전고용은 정부의 책임'이라는 전후의 케인즈주의적 이데올로기가 고실업과 고인플레의 악순환을 가져왔다고 믿었다. 사회보장 제도의 하나인 공적 실업보험 그리고 정부의 확장적인 거시 정책에 의한 고용 유지 정책은 노동조합의 과도한 임금 인상 요구를 부추겨 영국 경제의 쇠퇴라는 '의도하지 않은 결과'를 낳았다는 것이다.

1973년의 유가 충격oil shock은 스태그플레이션 기조를 더욱 강화했다. 영국 파운드화는 투매 바람 속에서 그 가치가 끝없이 추락하여 1976년에는 결국 국제통화기금으로부터 긴급 구제 금융을 받아야 하는 처지로까지 내몰렸다. 마침내 1979년에는 최저 임금 인상을 내건 총파업이 벌어지면서 영국 전역은 최악의 혼란에 빠졌다. '불만의 겨울winter of discontent'을 겨우 넘긴 영국 국민

영국병을 치료하고자 하이에크의 처방전을 선택한 대처 전 영국 총리

들은 그해 봄 보수당을 선택했고 '철의 여인' 대처는 고비용 저효율의 영국병 치료에 나서게 된다. 당시 보수당의 싱크탱크에서는 중도적인 정책을 제안했지만, 대처가 선택한 것은 하이에크의 처방전이었다. 대처는 하이에크의 『자유헌정론』을 핸드백에 넣고 다니다 틈날 때마다 "우리가 믿는 것이 바로 여기에 있다"며 주변 사람들을 설득하곤 했다.

하이에크의 처방전은 크게 완전고용 정책의 폐기·디플레이션 요법·노사 관계 개혁·공기업 민영화로 요약할 수 있다. 그는 1944년의 정부 백서인 『고용 정책』에서 공약한 정부의 완전고용 책임을 포기하고, 고용이 정치 논리가 아닌 시장 원리에 의해 결정되도록 해야 한다고 주장했다. '완전고용 책임'의 폐기야말로 올바른 정책으로의 복귀를 향한 첫 번째 정치경제적 혁명이라는 것이다. 그리고 '물가 상승 → 임금 상승 요구 → 물가 상승 → 임금 상승 요구'의 악순환으로부터 해방되려면 경제의 인플레이션 체질을 완전히 개선해야 하는데 그러려면 대대적인 긴축 통화 정책에 의한 '일시적인 충격'이 불가피하다고 믿었다. 디플레이션을 감수해서라도 사람들의 물가 상승에 대한 기대 심리를 꺾어 임금이 노동의 수요와 공급에 따라 결정되도록 하고, 총수요 관리 정책을 포기하고 대신 통화 가치의 안정과 시장 메커니즘의 회복에 역점을 두어야 한다는 것이 그의 지론이었다. 노조의 특권을 박탈하고 노사 관계를 자유주의적으로 변혁해 강력한 노조 및 단체교섭 제도를 등에 업고 이루어지던 그동안의 '정치적 소득 결정 과정'을 깨뜨리자는 것도 이때 제시된 처방전의 하나였다.

결국 대처 정권은 공공 부문의 차입 억제·공공 지출의 삭감, 통화량 축소라는 형태로 디플레이션 정책을 펼쳤다. 그러나 인플레이션을 잡는 데는 성공했지만, 하이에크의 기대와 달리 고용은 늘지 못했고 경기 후퇴는 오히려 심화되었다. 케인즈에 호의적인 사람들에 따르면, 하이에크의 세계에서는 '실업이 해결해야 할 문제가 아니라 실업 그 자체가 문제 해결의 일부가 되는 역설'이 일어난다. 비판자들의 냉소적 평가에 따르면 하이에크가 제안하고 대처가 실행에 옮긴 그 처방의 진짜 목표는 실업을 줄이고 고용을 늘리는 것이 아니라, 실업을 늘려 노동조합이라는 최대의 압력집단을 무력화시키는 데에 있었다. 이후 영국 사회는 정책 결정의 메커니즘과 사회·경제적 질서가 자본과 기업가의 발언권에 무게가 실리는 방향으로 선회했고, 이 과정에서 노동자와 시민사회가 그동안 확보했던 권리들도 크게 줄어들었다.

하이에크와 함께 노벨경제학상을 공동으로 수상한 뮈르달은 자신의 조국인 스웨덴이야말로 하이에크의 이론이 탁상공론에 지나지 않다는 것을 입증하는 생생한 사례라고 주장했다. 스웨덴은 하이에크의 시각으로 보자면 영국보다 훨씬 더 분배에 치중하는 복지국가였고, 노·사·정 삼자의 타협에 의해 인플레이션 억제와 완전고용 유지라는 두 마리 토끼를 잡는 사회 민주주의 국가였음에도 불구하고 경제의 비효율이나 전체주의의 출현과 같은 일은 일어나지 않았다는 것이다. 유가 급등은 영국뿐 아니라 스웨덴에도 커다란 위기로 작용했지만, 스웨덴은 하이에크의 처방 없이도 불황을 슬기롭게 넘길 수 있었다. 전국 차원의 단체교섭 제도와 잘 발달된 직업훈련 제도에 힘입어 노동권을 보장하면서도 고용의 유연성을 확보해 불황에 효과적으로 대응할 수 있었고, 정부 또한 공공 부문을 확대하는 등 적극적인 노동 시장 정책을 펼침으로써 일자리 축소에 능동적으로 맞섰다. 완전고용과 사회보장이라는 전후 복지국가의 이상을 희생시키지 않으면서도 유가 급등에 의해 야기된 위기와 불황을 타개할 수 있었던 나라가 현실에 엄연히 존재하고 있었던 것이다.

새로운 시대정신이 출현하다

신자유주의

포드주의의 위기, 스태그플레이션의 등장, 케인즈주의의 종언과 더불어 새로운 시대정신이 출현한다. 하이에크가 촉발하고 그의 동료 및 제자들에 의해 구체화된 신자유주의 neo liberalism가 그것이다. 하이에크는 자신이 제안하는 자유주의가 19세기의 '고전적' 자유주의 old liberalism는 물론 케인즈의 '새' 자유주의 new liberalism와는 근본적으로 다르다는 점을 강조하기 위해 '신'자유주의라는 이름을 붙였다. 이때 그가 특히 강조한 것은 경제적 자유의 중요성과 더불어 '법의 지배'에 의거한 경제정책이었다. 정부의 경제적 개입은 시장 메커니즘이 원활히 기능하도록 일반적인 테두리를 설정하는 것으로 제한되어야 하며, 특정의 목적을 위한 서비스를 제공해서는 안 된다는 것이다. 복지 정책·사회보장 제도가 여기에 속하는데, 이들은 '정치적 편의'에 의해 행해지기 때문이다.

새로운 시대정신으로서의 신자유주의가 제시하는 메시지는 경제에 대한 국가의 각종 개입을 철회하는 것이었다. 특히 금융시장 및 노동 시장에 대한 규제의 철폐^{deregulation}가 강조되었다. 정부가 이자율의 상한을 제한하던 기존의 관행을 철폐하고, 자본의 자유로운 국제적 이동을 보장하며, 기업이 고용··해고·임금을 자유롭게 결정할 수 있도록 하자는 것이다. 그중에서 자본이동에 대한 규제 철폐를 주목할 필요가 있는데, 이 규제를 철폐한 일차적 이유는 기업의 수익성 회복을 겨냥한 것이었지만, 이 과정에서 정부가 그동안 경제를 통제할 수 있었던 토대를 없앤다는 부수적 성과를 염두에 둔 것이었다. 물론 정부는 여전히 자국 통화에 대한 통제권, 과세 및 공공 지출에 대한 통제권, 국내외 노동이동에 대한 통제권을 쥐고 있다. 그러나 자본이 자유롭게 외국으로 빠져나갈 수 있게 됨에 따라 대규모 재정 적자를 운영하는 것은 사실상 어렵게 되었다. 재정 적자가 누적될 경우 정부는 이자 부담과 원금 상환을 위해 돈을 찍어내게 되는데 이 과정에서 인플레이션이 발생하면 국내의 자본이 한꺼번에 외국으로 빠져나가 국민 경제를 곤경에 빠뜨리게 되기 때문이다. 더욱이 통화 관리를 잘못할 경우에는 '외환 위기'라는 혹독한 징벌을 겪게 된다.

수요보다 공급이 중요하다

복지국가 축소론

1970년대 이후 신자유주의 이념은 작은 정부론·복지국가 축소론·세율 인하론 등으로 구체화되었다. 이러한 논의의 이론적 뿌리는 1970년대 초 하버드 대학의 교수였던 마틴 펠드스타인 Martin Feldstein, 1939~에 의해 체계화되었다. 그가 주목했던 것은 당시 국민 경제에서 큰 부분을 차지하고 있었던 사회보장 부문의 부 wealth, 특히 연금과 관련한 부였다. 그는 "현재의 경제활동 인구가 은퇴 후 받게 될 사회보장 소득의 현재 가치"에서 "현재의 경제활동 인구가 은퇴할 때까지 내야 할 사회보장 조세의 현재 가치"를 뺀 값을 사회보장 부문의 부라고 정의하고, 이들 사회보장 부문의 부는 민간의 소비지출을 늘리고 저축을 줄임으로써 민간의 투자에 부정적인 영향을 미친다고 주장했다. 즉 사회보장 부문의 부가 클수록 가계가 저축할 유인은 줄어든다는 것이다. 그는 한 걸음 더 나아가 사람들이 이러한 연금 수입을 염두에 두고 은퇴 시기를 앞당긴다는 점에 주목했다. 즉 사회보장 부문의 부가 늘어날수록 가계의 근로 의욕도 같이 줄어든다는 것이다.

이러한 상황 인식 위에 펠드스타인은 연금 제도의 민영화를 골자로 하는 사회보장 제도의 개혁을 주장했다. 현재 소득이 있는 사람들을 강제로 사적 연금 부문에 가입하도록 함으로써 미래를 위한 저축을 의무화하고, 사적 연금 부문은 이렇게 조달된 자금을 의무적으로 자본 시장에 투자하도록 함으로써 기업의 투자 자금이 증가하도록 하자는 것이다. 이처럼 새로운 시스템에서는 가계 저축 증가 → 자본 시장으로의 자금 유입 증가 → 기업의 투자 증가 → 자본 축적 증가라는 인과관계가 작동함으로써, 최종적으로는 국민 경제의 장기적 성장이 가능할 수 있다는 것이 펠드스타인의 생각이었다.

이러한 주장은 1980년대 이후 미국과 영국 등에서 추진된 현실 정책으로 구체화되었다. 세계적 차원에서 경쟁이 격화되는 가운데, '미시적'으로는 개별 기업의 경쟁력을 높이고, '거시적'으로는 국민 경제의 성장 잠재력을 확대하는 것이 가장 중요한 경제적 목표가 되었다.

이때 개별 기업의 경쟁력은 두 가지 차원에서 확보될 수 있다. 하나는 임금·이자·지대 등 각종 요소 비용을 절감하여 기업의 가격 경쟁력을 높이는 것이고, 다른 하나는 기술 혁신 등을 통해 총요소 생산성을 향상시킴으로써 기업의 품질 경쟁력을 늘리는 것이다. 이들 두 요인들이 동시에 달성될 때 기업들은 높은 경쟁력을 향유할 수 있게 된다. 이른바, '저비용·고효율'을 동시에 누리게 되는 것이다.

한편 국민 경제의 성장 잠재력 확대도 이와 유사하게 두 가지 차원에서 이루어질 수 있다. 우선 노동과 자본 등 생산 요소의 양적 투입을 확대하여 국민 경제의 산출량을 늘리는 것이다. 국민 경제 전체 차원에서 노동 투입을 늘리기 위해서는 가계의 근로 의욕을 높일 필요가 있고, 자본 투입을 늘리기 위해서는 가계의 저축 의욕을 고취해야 한다. 그리고 주어진 생산 요소를 보다 효율적으로 사용함으로써 국민 경제의 산출량을 늘리는 방법도 있다.

개별 기업의 경쟁력 확보든 아니면 국민 경제 전체의 성장 잠재력 확대든, 이들은 모두 경제의 공급 측면과 직결되는 것으로,

과거 케인즈와 그 후계자들이 경제의 수요 측면에 주목했던 것과는 대조적이다. 하이에크와 그 후계자들은 경제의 장기적 활력에는 수요보다 공급이 훨씬 더 중요하다고 생각했다. 이런 시각에서 볼 때 '저비용'은 생산 요소의 양적 투입을 늘리는 것이고, '고효율'은 생산 요소의 사용을 효율화하는 것이기도 하다. 보다 저렴한 비용으로 보다 많은 제품을 생산하는 것이야말로 개별 부문 및 전체 국민 경제가 추구해야 할 일차적인 목표가 되는데, 이를 가능케 할 핵심적인 수단이 바로 '노동 시간 및 저축의 증대'이다. 따라서 장기적 성장의 관건은 국민들로 하여금 예

전에 비해 그리고 다른 나라 사람들에 비해 '덜 쓰고 덜 놀게' 하는 경제 시스템을 확보할 수 있는가의 여부에 달려있다.

1980년대 이후 미국과 영국 등에서 확산된 신자유주의의 물결은 바로 이러한 경제적 맥락 속에서만 제대로 이해할 수 있다. 국민들, 특히 가계의 근로 및 저축 의욕을 높여 경쟁력을 기르고 성장 잠재력을 키우는 것이 최대의 목표가 되었으며, '정부 규모 축소'·'세율 인하'·'적자 재정 해소' 등이 그 구체적인 방법론이었다.

세율 인하론과 균형 재정론

근로 의욕을 높이기 위해서는 한계 근로소득세율의 인하가, 저축 의욕의 고취를 위해서는 각종 자산과 관련한 한계 소득세율의 인하가 불가피하다고 여겨졌으며, 이 과정에서 발생할 정부의 세수 감소는 민간의 경제 활력을 북돋우기 위해 치러야 할 불가피한 희생으로 간주되었다. 물론 소득세율의 인하가 생산 및 소득의 증가를 가져오므로 오히려 세수(=소득세율·국민 소득)도 늘어날 것이라는 주장이 '래퍼 곡선'이라는 이름으로 제기되기도 했지만, 이러한 견해는 하이에크나 프리드먼을 높게 평가한 경제학자들로부터도 지지를 얻지 못했다. 그들

:: 래퍼 곡선
미국의 경제학자 래퍼(Arthur Laffer, 1940~)가 세수와 세율 사이의 관계를 그림으로 나타내기 위해 제시한 곡선. 일반적으로는 세율이 높아지면 세수도 늘어나지만, 세율이 일정한 한계 수준을 넘어서까지 상승하면 세수는 반대로 줄어들게 된다는 것을 표현한다.

이 보기에 이 주장은 과학이 아니라 이데올로기에 가까웠다.

이때 세수 감소에 발맞추어 정부 지출의 규모를 줄이지 않을 경우에는 대규모의 정부 적자 또는 적자 재정$^{budget\ eficit}$이 불가피해진다. 막대한 재정 적자를 막고 재정의 균형을 유지하기 위해서도 정부 지출을 줄일 수밖에 없었는데, 이것이 '작은 정부론'이라는 보다 공세적이고 적극적인 논리로 표출되었다. 즉, 작은 정부는 불가피할 뿐 아니라, 그동안 억눌렀던 민간의 창의와 활력을 돌려줌으로써, 경제의 장기적 성장을 위해서도 바람직하다는 것이었다.

세율 인하론이 1980년대에 주목받았던 대표적인 논의였다면, 균형 재정론은 1990년대 이후에 각광을 받고 있는 주장이다. 균형 재정론은 하이에크의 생각에 호의적인 경제학자들이 펼치는 주장이기도 하다. 이들이 재정 적자에 부정적인 것은 크게 두 가지 이유로 요약할 수 있다. 첫째, 재정 적자는 미래 세대의 세금 부담을 높이는 한편 소득을 낮춘다는 점에서 세대 간의 부를 불공평한 방향으로 재분배한다. 둘째, 재정 적자는 (-)의 정부 저축을 나타내므로 국민 저축이 줄어들게 마련인데, 이 경우 실질 이자율이 상승하여 기업의 투자가 감소할 수밖에 없다. 투자가 감소하면, 기계와 설비 등 자본재가 줄어들어 노동 생산성과 실질 임금이 떨어지고 결국에는 경제의 전반적인 공급 능력이 줄어들게 된다.

이러한 주장에 대해 모든 경제학자들이 동의하지는 않았다. 특히 지금도 케인즈가 옳다고 생각하는 일부 경제학자들은 균형 재정론에 대해 다음과 같은 비판을 제기한다. 첫째, 재정 적자는 과장되는 경우가 많다. 정부 부채로 인해 미래 세대가 부담해야 할 세금의 증가 폭은 실제로는 그리 크지 않다. 둘째, 재정 적자의 효과만을 따로 분리한 채 평가하는 것은 타당하지 않다. 재정 적자로 인해 가능해진 정부 지출은 현재 세대는 물론 미래 세대의 부를 늘릴 수 있기 때문이다. 셋째, 균형 재정에 대한 지나친 집착은 세대·계층 간 소득의 바람직한 재분배를 방해한다. 넷째, 장기적으로 국민 소득이 정부의 채무보다 빠른 속도로 증가한다면 현재 세대의 재정 적자를 미래 세대가 부담하지 않아도 된다. 다섯째, 무엇보다도 균형 재정에 대한 과도한 집착이 경기 후퇴기나 불황기에 행해질 경우 엄청난 공황으로 연결될 가능성이 대단히 높다.

케인즈주의자들은 대신 자동 안정화 장치 automatic stabilizers 의 중요성을 강조한다. 자동 안정화 장치란 경기 침체나 과열이 발생할 때 정부가 별도의 조치를 취하지 않더라도 총수요가 자동적으로 조정되도록 하는 재정 정책을 지칭하는데, 여기에는 누진적 조세 제도와 사회보장 지출이 포함된다. 누진적 조세 제도에서는 '경기 침체 → 소득·임금·이윤 축소 → 세금의 자동적인 감소(모든 세금이 경제활동과 긴밀하게 연동되어 있기 때문) → 처분 가능한 소득 증가 → 유효수요 증가 → 경기 회복'이라는 메커니즘이 작동한다. 그리고 사회보장 지출 또는 복지국가의 경우에도 '경기 침체 → 실업 급여, 사회보장 지출 등 정부 지출 증대 → 총수요 확대 → 국민 소득 증가 → 경기 회복'이라는 메커니즘이 작동한다는 점에서 유사한 경기 안정화 기능을 담당할 수 있다는 것이다.

작은정부론, 사회안전망의 약화를 부르다

펠드스타인의 주장은 경제가 완전고용 수준에 놓여 있다는 가정을 암묵적으로 전제하고 있다. 그러나 이 가정과 달리 경제가 불완전고용 상태에 놓여 있다면, 저축이 미덕이 되지 못할 가능성이 높다. 더욱이 저축의 증가가 투자 증가로 연결된다는 보장도 없다. 예전에 케인즈가 『일반 이론』에서 지적했던 것처럼, 사람들이 자신의 부를 화폐나 채권으로 보유하는 한 가계의 유휴 자금은 기업으로 흘러들어가지 못하기 때문이다.

이와 관련해, 신자유주의자들의 주장과는 달리 국민 경제의 총저축률 그리고 기업의 투자율이 가계 저축률과 그리 긴밀한 관계를 맺고 있지 않다는 점에 주목할 필요가 있다. 국민 경제의 총저축률 및 기업의 투자율은 오히려 기업 저축, 곧 내부 유보 retained earnings에 더 크게 의존한다는 사실이 여러 경험 연구들을 통해 밝혀진 바 있다. 이는 복지국가를 축소하고 세율 인하와 더불어 조세 체계를 개혁하려던 신자유주의적 실험의 이론적·현

내부 유보

기업의 순이익 중 세금을 제외한 금액은 주주의 배당금, 임원의 상여금 등으로 지급된다. 하지만 이때 기업은 전체 금액을 지급하는 것이 아니라 일부를 기업 내의 자금으로 유보시킨다. 이렇게 조성된 자금은 외부에서 조달된 자금과는 달리 이자나 배당금을 지급할 필요가 없기 때문에 운용이 용이하기 때문이다. 이런 자금을 내부 유보 혹은 사내 유보라고 한다.

실적 토대가 보기보다 튼튼하지 않음을 의미한다. 그리고 이 과정에서 사회 안전망이 크게 약화되었다는 점에도 주목해야 한다. 사회보장 부문을 중심으로 정부 지출이 크게 줄어들면서 정부 재정은 균형 재정 나아가 흑자 재정으로 전환되었지만, 신자유주의자들의 기대와는 달리 사회 전체의 총저축률은 늘어나지 못한 가운데 사회 통합만 저해되었던 것이다.

그럼에도 불구하고, 미국과 영국의 경제 성장률은 상승했다. 그러나 '사회 안전망의 해체'가 '검약과 근로의 미덕'을 고취시켜서 이러한 결과가 발생했다고 보기는 어렵다. 신자유주의의 이름으로 행해진 일련의 조치는 저축이 아닌 이윤에 영향을 미쳤다고 보아야 한다. 이들 조치는 노동의 기회비용을 낮추고 노동자의 교섭력을 크게 줄임으로써 급여 및 노동 조건에 대한 노동자들의 요구를 낮추었고, 그 결과 노조 가입률 하락·단체협약 붕괴 등의 사태가 발생한 것이다. 즉 1980년대 이후 기업의 수익성 증가 및 투자 증가는 가계 부문의 저축이 늘어났기 때문이 아니라 사회보장 시스템의 와해와 더불어 기업과 노동자 사이에 형성되어 있었던 기존 게임의 규칙을 자본에 유리한 방향으로 전환시킨 결과였다.

지난 20여 년간 미국에서는, 사회보장을 뒷받침하는 제도 및 정책들이 크게 훼손되었다. 또한 누진적 조세제도가 약화되었으며, 사회보장 지출의 격감에 따라 정부 예산의 경기 안정화 효과도 크게 약화되었다. 복지국가의 틀 속에서 황금시대를 구가했던 1960년대 미국의 경제 성장이 '노동 포용적' 또는 '노사 간 타협'에 기초한 방식이었다면, 1980년대 이후의 경제 성장은

'노동 배제적 방식'에 기초한 것이었다고 평가할 수 있다. 기업의 경쟁력은 노동자의 지위를 약화시키고 궁지로 몰아넣어 저임금과 열악한 노동 조건을 받아들이도록 강요함으로써 확보될 수 있다. 하지만 케인즈의 오랜 주장처럼 노동자들에게 직무 역량과 숙련 기술을 학습할 기회를 제공하고 이들의 자발적 참여와 헌신을 이끌어냄으로써 기업의 경쟁력을 확보하는 게 더 바람직하다는 점을 부인할 수는 없을 것이다.

레이건에 대한 재평가

역사의 책장을 넘기다 보면 그 중요성이 새롭게 조명되는 '위인'들을 가끔 만나게 된다. 가장 최근의 인물로는 얼마 전 세상을 떠난 로널드 레이건 전 미국 대통령이 있다. 그는 재임 중 압도적인 지지를 받았던 대통령이었다. 그럼에도 여론 주도층은 이런 대중적 인기를 헐리우드 출신 대통령의 능란한 연기 덕분으로 낮춰 평가했다. 하지만 시간이 흐르면서 이러한 인식은 점차 바뀌었고, 이제 그는 20세기 최고의 대통령이라는 신화의 주인공이 되기에 이르렀다.

영국의 경제주간지 〈이코노미스트〉는 레이건이 "정부를 시민들에게 돌려주고 기업활동의 족쇄를 풀어야 한다"는 확고한 이념 위에 대규모의 조세감면·규제철폐·민영화를 단행함으로써 장기 호황의 터전을 마련한 대통령이라고 격찬을 하면서, 그 성공 비결을 '유연한 보수주의'에서 찾았다. 반면 미국의 진보적 시사주간지 〈네이션〉은 레이건 신화가 기득권층의 작품이라고 비판한다. 특권층의 탐욕과 위선에 의해 농락당하는 공적 영역과 극도로 취약해진 불평등사회야말로 그가 남긴 유산이며, 그 엄청난 오류를 바로잡기 위해서는 앞으로도 20년 이상의 세월이 필요하다고 보았다. 그런데 이들 두 잡지는 레이건에 대한 가치판단이라는 측면에서는 정반대의 입장에 서 있지만, 그를 미국 사회를 근본적으로 변화시킨 인물로 인식하고 있다는 점에서는 의견이 정확하게 일치하고 있다.

미국 사회에서 '작은 정부와 자유시장'의 이념은, 통념과 달리, 레이건의 집권 이전에는 일부 계층만의 지적 신념에 지나지 않았다. 보수주의 이념은 1980년을 기점으로 비로소 정부의 정책으로 현실에서 구현될 수 있었다. '레이건은 공화당의 프랭클린 루스벨트'라는 일각에서의 비유도 바로 이러한 맥락에서 이해될 수 있다. '시장에 대한 일정한 개입과 큰 정부'라는 미국식 진보주의는 1930년대 루스벨트에 의해 세계를 실제로 바꾸는 정치적 힘이 될 수 있었으며 정권교체와 무관하게 미국사회의 지배적 이념으로 작동할 수 있었다. 루스벨트가 바꾼 이 물꼬를 50년 후 레이건이 다시 터놓았다는 역사해석도 충분히 가능하다.

만남 8

끝나지 않은 대결

영웅의 행적은 기록자에 의해 전설로 완성되는 법이다. 눈먼 시인 호메로스가 없었다면, 트로이를 멸망시킨 후 고향 이타카 섬으로 돌아가면서 갖은 모험을 벌인 오디세우스를 알 수 없었을 것이다. 케인즈와 하이에크가 지성의 바다를 건너 새로운 세계를 우리에게 선사한 현인이었을지라도, 그들의 내밀한 삶을 꼼꼼히 기록한 스키델스키 Robert Skidelsky 와 콜드웰 Bruce Caldwell 이 없었다면 그들의 진면목은 아직도 베일에 가려 있을지도 모른다. 우리는 이들 두 사람의 증언을 통해 20세기 최고의 경제학자들이 어떤 관계를 맺었고 어떤 차이점과 공통점을 갖고 있었는지를 살펴보기로 하자.

**대결이
시작되다** 화폐이론 논쟁

하이에크는 빈 대학에서 박사 학위를 받은 후 미국으로 건너가 연방준비제도의 작동 방식과 기초적인 통계학을 익혔다. 오스트리아에 귀국해서는 경기변동연구소에 합류했다. 그리고는 이 연구소 업무의 일환으로 경기 변동에 관한 세미나에 참석했다가 케인즈를 처음 만나게 된다. 하이에크 자신의 회고에 따르면, 이 두 사람은 16년이라는 나이 차이를 뛰어넘어 연구 주제를 공유하는 친구가 되었다. 그럼에도 경제학과 관련해서는 대부분 의견이 달랐다.

케인즈는 당시 경제 현안에 대한 최고의 경제학자였다. 『평화의 경제적 귀결』로 얻은 국제적인 명성에 더해 재기 넘치는 문장과 날카로운 분석도 그의 이름을 한층 높여주었다. 하이에크와 처음 만났을 무렵 그는 한참 화폐 이론에 몰두해 학술서적을 준비하고 있었는데, 오랜 진통 끝에 내놓은 책이 바로 『화폐론[A Treatise on Money]』(1930)이었다.

한편 하이에크는 화폐 이론 및 통화 정책의 역사를 다룬 책을 썼으며, 오스트리아 학파의 경기순환이론을 자신의 목소리로 발전시킨 또 다른 책을 출간하기도 했다. 이 연구는 런던정경대학[LSE]의 최연소 교수이자 학과장이었던 라이오넬 로빈스의 주목을 받는 계기가 되었다. 케인즈의 경제이론이나 정책 제안에 결코 동의할 수 없었던 그는 자신과 함께 케인즈의 이론에 맞서 싸울 경제학자를 탐색하던 끝에 오스트리아의 하이에크를 발견했던 것이다. 그는 1931년 봄, 하이에크를 LSE에 초빙했고 네 개의 강좌를 주었다. 다음 해 『가격과 생산』으로 출판되었던 이 강좌는 높은 인기를 끌었고, 결국 하이에크는 LSE의 전임 교수가 될 수 있었다. 그리고 케인즈와의 '전쟁'이 시작되었다.

1931년 〈화폐론〉을 비판적으로 검토하는 논문이 경제학 전문지인 《이코노미카 Economica》에 실렸고 다음 호에는 케인즈의 반박 논문이 게재되었다. 이 논문에서 케인즈는 자신의 책을 옹호하는 한편 하이에크의 『가격과 생산』을 신랄하게 비판한다. 이후 두 사람은 1년 동안 동안 열두 통의 편지를 교환하면서 뜨거운 논쟁을 계속한다.

케인즈의 냉소에도 불구하고 하이에크의 도전은 인상적이었다. 논쟁 초기에 우위를 점한 쪽도 하이에크였다. 화폐 및 경기순환에 대한 케인즈와 하이에크의 이론은 스웨덴의 경제학자였던 빅셀 Johan G. K. Wicksell, 1851~1926이 제시한 얼개 속에 있었다. 그런데 케인즈는 빅셀의 이론에 대해 거의 알지 못했던 반면 하이에크가 속했던 오스트리아학파는 빅셀의 이론과 긴밀한 관계를 맺고 있었다. 빅셀은 1893년 출판된 『정치경제학 강의』에서 오스트리아학파의 자본 이론과 한계생산력이론*을 통합해 미시적 기초를 제공하려 했으며, 1898년에 출판된 『이자와 가격 Geldzins und güterpreise』에서는 화폐 경제의 이론을 제시했는데 케인즈는 『이자와 가격』을 부분적으로만 언급했을 뿐이다. 하이에크는 케인즈의 『화폐론』을 논평하면서 자

■■ 한계생산력이론
기업은 자본과 노동, 토지 등의 생산 요소들을 조합하여 상품을 생산하게 되는데, 이때 다른 모든 생산 요소들의 투입량을 고정시키고 한 가지 생산 요소의 투입량을 변화시킬 때 단위마다 증대되는 생산량을 한계 생산력이라고 한다. 각 생산 요소의 한계 생산력을 고려해 생산 요소의 투입량을 편성, 생산 비용을 줄이려는 이론을 말한다.

본 이론의 결여를 지적했고, 결국 케인즈 자신도 이 점을 인정할 수밖에 없었다.

하이에크의 이론은 자본 이론적 기초를 가지고 있어 더 세련되었을 뿐 아니라 논리적이기도 했지만, 그렇다고 그가 이 논쟁에서 명백한 승리를 거둔 것은 아니다. 그의 논의는 영국의 독자들에게 낯선 이론이었고, 치열한 논쟁이 진행 중이라는 사실 확인을 넘어서서 둘 중 어느 한쪽의 승리를 판정해줄 권위자도 없었다. 세상의 평가는 케인즈에게 더 호의적이었다. 특히 케인즈의 유능한 제자인 스라파[Piero Sraffa, 1898~1983]가 화폐 경제의 작동을 둘러싼 두 이론 진영의 싸움에 가세하고, 시카고 대학의 나이트[Frank H. Knight, 1885~1972]까지 오스트리아학파의 자본 이론을 비판함으로써, 런던 정경대학을 제외하면 하이에크와 의견을 같이하는 경제학자는 없다는 인상을 세상에 심어주었다.

반면 케인즈의 명성은 날이 갈수록 치솟았다. 그는 정력적인 정책 제안과 저술 활동을 통해 항상 화제의 중심에 있었다. 케인즈는 케임브리지의 유능한 제자들의 도움을 받아 기존의 이론적 약점을 개선할 수 있는 새로운 소득결정이론을 발전시키기도 했다. 이 과정에서 러너[Abba P. Lerner, 1903~1982], 칼도어[Nicholas Kaldor, 1908~1986], 섀클 등 하이에크를 추앙하던 명민한 젊은 학자들도 케인즈 진영으로 속속 합류했으며, 『일반 이론』에 대한 세상의 기대는 한껏 커졌다. 1936년에 드디어 『고용, 이자 그리고 화폐에 관한 일반 이론』이 출간되었다.

하이에크가
『일반 이론』과의 정면 대결을 피한 이유

하이에크는 케인즈보다 16년 늦게 태어났고, 46년을 더 살았다. 노벨상 수상으로 다시 세상의 주목을 받게 된 하이에크에게 세상 사람들이 던진 가장 대표적인 질문은 케인즈를 어떻게 평가하느냐였다. 하이에크가 원했던 것은 '당신의 경제학이 무엇인가'라는 질문이었지만, 사람들이 궁금하게 여겼던 것은 '케인즈에 대한 하이에크의 생각'이었다. 세상은 하이에크가 얘기하는 방향으로 흘러가고 있었지만, 그럼에도 20세기 경제학의 '기준'은 여전히 케인즈였다.

경제학의 역사에서 발견되는 수수께끼 중 하나는 젊은 시절 케인즈의 작업을 줄기차게 비판했던 하이에크가 정작 케인즈의 대표작인 『일반 이론』에 대해서는 본격적인 언급을 회피했다는 점이다. 그가 『일반 이론』을 효과적으로 비판할 수 있었다면, 명성이 약화되던 초기의 상황을 되돌리는 것은 물론 케인즈의 영예 또한 순식간에 자신의 것으로 만들 수도 있었다. 하지만 하이에크는 『화폐론』 때와는 달리 『일반 이론』에 대해서는 본격적인 논평을 내놓지 않는다. 나중에 하이에크는 "그때 명백한 책무를 다하지 않은 것을 지금도 후회한다"며 아쉬움을 토로했다. 『일반 이론』에 대한 비판이 경제학자로서의 의무였는지는 분명치 않지만, 그가 상황을 일거에 역전시킬 기회에 도전하지 않은 것만은 분명하다. 그는 왜 『일반 이론』을 논평하지 않았던 것일까?

하이에크는 이후 『일반 이론』을 논평하지 않은 몇 가지 이유를 설명했다. 우선, 케인즈가 예전에도 그랬듯이 머지않아 자신의 이론적 입장을 바꿀 것이기 때문에 구태여 시간을 들여 이 책을 비판할 필요를 못 느꼈다고 주장했다.

> 케인즈의 『화폐론』에 대한 논평을 한 지 얼마 지나지 않아, 기존의 이론적 입장과는 전혀 다른 새로운 이론을 준비하고 있다는 점을 알았을 때 나는 모욕감을 느꼈습니다. 『일반 이론』이 출판되고 나서 공격하지 않았던 것도 그때의 경험과 관계가 있음을 고백하지 않을 수 없습니다.
>
> 시카고 대학에서의 강의 중에서 (1963)

실제로 케인즈는 이론적 변신으로 유명했다. 언제나 실용주의적 관점에 서 있던 그는 상황이 바뀐다면 이론도 변해야 한다고 생각했다. 가령 그는 1931년 봄, 영국의 당면 과제가 금본위제의 포기에 있다고 믿고, 이를 위해 자유무역에 대한 지지를 철회하고 대신 보호무역을 옹호했다. 하지만 그해 여름 영국이 금본위제를 포기하자 입장을 바꿔 관세 축소를 주장했다. 이로 인해 케인즈는 '뼈가 없는 사람'이라는 별명을 얻었으며, "다섯 명의 경제학자가 모이면 여섯 가지 상반되는 주장이 나오는데, 이중 두 가지는 케인즈의 주장"이라는 농담까지 생기기도 했다.

하이에크는 여기에 더해 『일반 이론』이 단순한 정책 제안에 불과했기 때문에 특별히 논평할 가치를 느끼지 못했다는 주장도 했다. 케인즈는 자신의 새로운 이론을 '일반' 이론이라고 자부했지만, 하이에크는 당장의 시대적 필요에 따라 제시된 임시방편의 정책 제안에 불과하다고 보았다. 그러나 『일반 이론』이 많은 단점을 가지고 있지만 천재의 작품이 분명하다는 폴 새뮤얼슨

Paul A. Samuelson, 1915~의 평가가 아니더라도, 이 책이 단순한 정책 팸플릿에 불과하다는 주장에 동의할 경제학자는 거의 없을 것이다. 『일반 이론』의 출간 당시에도 하이에크가 정말로 이 책을 시시하다고 생각했다면, 그때 열광하던 사람들을 설득하는 진지한 논평을 시도했어야 한다. 물론 여기에는 인간적인 측면이 개입되어 있다고 볼 수도 있다. 제2차 세계대전 당시 케인즈는 배급제나 전시 인플레이션을 비판했고, 하이에크와도 우호적인 관계를 유지하고 있었다. 이러한 상황에서 하이에크는 『일반 이론』을 비판함으로써 케인즈의 영향력을 약화시키거나 그와의 관계가 악화되기를 원하지 않았을 것이다. 한편, 하이에크는 『일반 이론』이 출간되던 당시 화폐적 경기 변동 이론의 미시적 기초라고 할 수 있는 자본 이론을 대대적으로 손보는 작업을 진행 중이었다. 그는 이 작업이 완성되면, 그 결과물 자체가 케인즈의 전체 이론에 대한 체계적인 비판이 될 거라고 믿기도 했다. 하이에크의 야심찬 작업은 1941년 출판된 『자본의 순수 이론The Pure Theory of Capital』으로 구체화되는데, 경제학자들로부터 높은 평가를 받지는 못했다.

하이에크의 일생을 탐구한 대표적인 인물인 콜드웰은 이 문제와 관련해 흥미로운 가설을 제시한다. 1930년대 중반을 기점으로 하이에크의 이론 체계에 모종의 '전환'이 발생하는데 이러한 변화가 그로 하여금 『일반 이론』에 대한 본격적인 비판을 행하지 못하도록 했다는 것이다. 하이에크는 당시 시간의 변화를 고려하지 않은 정태적 균형 이론이 시장의 작동 방식을 정확하게 묘사할 수 있는지에 대해 의문을 가지고 있었다. 일반 균형 이론은 경제주체들이 완전한 정보를 보유하고 있다고 가정하는데, 하이에크는 연구를 거듭한 끝에 이 접근법의 경우 사람들이 분산된 정보를 주관적으로 해석하는 세상에서 시간의 변화에 따라 경제활동을 둘러싼 계획이 어떻게 조정되는가 라는 근본 문제를 포착하지 못한다는 입장을 지니게 되었다. 그는 결국 시장경제의 작동 방식에 대한 제대로 된 설명은 '균형 이론'이 아닌 오스트리아학파의 '시장 과정 이론'에서만 가능하다는 결론에 도달한다. 그러나 이 새로운 관점은 하이에크가 예전에 펼쳤던 화폐 및 경기 변동 이론과는 충돌한다. 시장 과정이 중시되는 세상에서는 경제적 행동의 전반적인 패턴에 대한 예측만 가능할 뿐, 『가격과 생산』에서 묘사했던 것과 같은 상대 가격의 정확한 변화 과정에 대한 예측은 불가능할 뿐만 아니라 무의미해지기 때문이다. 이처럼 이론의 전환 과정에 있던 하이에크로서는 『일반 이론』은 물론 자신의 과거 작업을 포함한 경제학 전반에 대해 불편한 심정을 느끼고 있었기 때문에, 『일반 이론』에 대한 본격적인 비판을 포기함으로써 자신의 기존 작업을 공개적으로 비판하는 곤경에 빠지지 않으려 했다는 것이다.

다르지만 같은 그들

여우와 고슴도치

하이에크의 후예들은 케인즈가 '성급한 자유주의'를 대변한다면 하이에크는 '인내하는 자유주의'를 대변한다고 믿었다. 하이에크는 둘 사이의 차이를 케인즈가 "많은 것을 아는 여우"라면, 자신은 "오직 한 가지 큰 사실만을 아는 고슴도치"라는 비유로 표현했다. 말하자면 하이에크의 사상을 하나의 일관된 전체로 요약할 수 있다면, 케인즈의 사상은 여러 개의 조각으로 구성되어 있으며 각각의 조각은 서로 충돌하기도 한다는 것이다. 이때 하이에크가 유일하게 '중요한' 것으로 인식한 것은 시장 시스템에 대한 모든 국가 개입은 악이라는 점이었다. 하이에크에 따르면, '여우'도 이 사실을 잘 알고 있었다. 하지만 자신은 함정에 빠지지 않을 만큼 충분히 영리하다고 자부했기 때문에 매 국면마다 상황에 맞는 새로운 이론·주장·정책을 궁리해 낼 수 있다고 믿었다는 것이다. 하이에크는 여러 공간을 통해 케인즈가 너무도 빨리 스스로의 이론을 바꾸곤 했던 것에 대해 분노와 경멸의 감정을 드러내곤 했다. 하이에크는 케인즈의 발 빠른 변신 또는 유연한 대응의 근본적인 이유를 과학적 원칙의 결여에서 찾았으며, '원칙 없는 경륜'은 전체주의로 이어질 가능성이 높다고 비판했다. 케인즈는 이에 대해 '경륜이 없는 신중함'은 재앙으로 가는 왕도라고 맞섰다. 대립하는 견해의 절충이나 봉합에 집착했던 케인즈의 가장 큰 약점이 과도한 유연성이었다면, 하이에크의 가장 큰 약점은 지나친 경직성이었다.

여우와 고슴도치의 대조는 다른 측면에서도 확인된다. 케인즈가 현실 정치와 정책에 깊숙이 개입한 실천가였다면, 하이에크는 어지러운 현실로부터 거리를 두고 근본적인 문제들을 고민하는 사색가였다. 케인즈는 대학이라는 울타리를 뛰어넘어 세계 경제의 움직임과 실제로 마주치면서 살았던 사람이었다. 이 점에서 그는 피구[Arthur C. Pigou, 1877~1959]와 로버트슨[Dennis H. Robertson, 1890~1963] 등 케임브리지의 동료 교수들이나 하이에크, 슘페터, 피서, 베블런 등 동시대의 다른 위대한 경제학자들과는 분명히 다른 존재였다. 특히 제2차 세계대전으로 영국의 운명이 풍전등화에 놓였던 인생의 후반부에는 현실 문제와 정면으로 대결하는 데 보낸 시간이 크게 늘어났다. 1937년 갑작스러운 심장 발작으로 급격하게 쇠약해졌지만, 무리를 해서 활동을 재개하며 수많은 짐을 스스로 떠맡았다. 재무부의 무급 자문위원으로서 전비 조달 방법을 고안해내고, 전후의 국제 경제 질서를 어떻게 만들 것인가를 놓고 미국과 협상을 벌였으며, 결국 국제통화기금IMF을 탄생시키기도 했다. 케인즈의 전기 작가인 스키델스키의 말처럼 그는 "사실상의 재무장관"이었다. 그는 이러한 공직 이외에도, 케임브리지 대학 킹스 칼리지의 재무처장으로, 《이코노믹 저널The Economic Journal》의 편집인으로, 예술후원위원회의 위원장으로, 국립박물관의 수탁인으로, 이튼 칼리지의 평의원으로 다양한 삶을 살았다. 이처럼 빡빡한 일정 속에서도 시간을 내가며 친구들에게 신랄한 편지를 쓰거나, 꿩 사냥에 나서거나, 그것도 아니면 딱딱한 수학책을 뒤적였다. 케인즈가 우리에게 남긴 가장 유명한 말로 "결국은 우리 모두 죽는다"는 말이 있다. 지금 이 순간의 문제 해결에 주력해야 한다는 의미를 내포한 이 말은 엄숙주의와 근본주의에 대한 분명한 반대를 표명하고 있다.

반면 하이에크는 이민자로서 현실로부터 고립된 학문의 세계를 선택했다. 그의 사유는 현실이나 행동을 통해 검증받은 적이 한 번도 없었다. 대신 그는 깊은 사색과 명징한 사고가 배어 있는 수많은 저작을 세상에 선보였다. 현대의 우파 경제 사상가들 중 마르크스와 가장 닮았다는 말을 듣는 하이에크는 마르크스와 마찬가지로 모든 것을 다른 모든 것들과 연결하려 했던 인물이다. 그의 저작 목록은 경기 변동·화폐·경제적 무지·자유·사회 진화·인간의 정신·경제학적 방법론·사회과학의 특성·복잡성 이론 등 방대한 분야를 가로지른다. 하지만 그는 케인즈에 비해 지적으로는 폭이 넓었지만 인간적인 측면에서는 매력이 덜한 사람이었다. 그렇다고 그가 융통성 없이 공부만 한 것은 아니었다. 사랑했던 사촌을 닮은 여인과 20년 동안 결혼 생활을 유지하다 마침내 첫사랑인 사촌과 애정의 도피 행각을 벌여 LSE의 동료들로부터 분노를 샀으며, 중년 이후부터는 심각한 우울증으로 고생하기도 했다.

두 사람은 이론가로서도 큰 차이가 있었다. 케인즈의 경제학이 자신만만하고 혁명적이라면 하이에크의 경제학은 겸손한 것이었다. 케인즈는 자신이 고전경제학을 전복시켰다고 생각했다. 자신의 책 제목을 『일반 이론』이라고 붙인 것에서도 이러한 자신감이 드러난다. 하지만 후대 학자들의 평가에 따르면, 케인즈는 스스로가 생각했던 것보다 덜 혁명적이었다. 케인즈 경제학의 주된 토대는 스승이자 아버지의 친구이기도 했던 마셜의 경제학이었다. 이와는 대조적으로 하이에크는 뵘바베르크[Eugen von Böhm-Bawerk, 1851~1914]·멩거·미제스로 이르는 오스트리아 경제학에 새롭고도 중요한 내용을 추가했으면서도 겸손한 태도를 잃지 않았다. 그는 경제사상사를 풍부하게 학습했으며, 오스트리아학파의 전통 속에서 경제 이론을 사유하려 했다. 반면 케인즈에게 중요한 것은 당장 써먹을 수 있는 아이디어들을 얻는 일이었다.

물론 케인즈는 하이에크가 생각했던 것보다는 훨씬 독창적인 사상가였다. 학창 시절을 통해 체계적인 경제학 수업을 받지 않은 점이 오히려 그를 독창적으로 만들었다. 하이에크와 함께 오늘날 신자유주의의 이론적 상징으로 남은 프리드먼도 경제학에 관한 한 하이에크의 친구라기보다는 케인즈의 제자였다고 볼 수 있다. 하이에크가 최종적으로 경제학을 버리고 정치철학을 선택하고 경제학자로서는 주변인으로 머무를 수밖에 없었던 것도 이 점과 어느 정도는 관계가 있다.

그들에게는 지적 예절 또는 의사소통 방식의 차이도 있다. 1930년대 초반 케인즈와 그의 동료들은 케임브리지 바깥의 모든 경제학자들을 미쳤거나 우둔한 것으로 간주하며 자신들의 아이디어가 사회에 수용되어야 한다는 절박감을 느끼고 있었다. 세상의 구원을 위해 논쟁에서 예절바른 태도를 버리는 것은 어쩌면 그들에게는 당연한 일이었다. 케인즈는 자신이 좋아하는 사람에게는 아주 친절하고 매력적인 사람이었고, 지적이고 도덕적이며 언변도 아주 좋았다. 하지만 그렇지 않는 사람에게는 대단히 무례하고 오만했고, 상대방을 신랄하게 조롱하기를 즐겼으며, 특히 그런 이들의 이야기를 능수능란하게 되받아치곤 했다. 버트런드 러셀이나 버나드 쇼 같은 당대의 뛰어난 지성조차 그와의 만남 속에서 열등감을 느꼈다는 일화도 전해진다.

반면 하이에크는 지적으로 관대했다. 케인즈의 제자 중 한 사람이었던 브라이스 Robert Bryce, 1910~1997는 1935년 LSE의 학생들을 '개종'시킬 의도로 하이에크에게 접근했는데, 하이에크는 그 의도를 알면서도 자신의 학생들에게 새로운 케인즈주의를 전도할 기회를 제공했다. 하이에크는 과학적 아이디어의 최종적인 승리는 모든 반대 의견을 허용할 때만 가능하다는 멩거의 견해를 실천했던 것이다. 진리에 대한 하이에크의 희망과 기대는 먼 미래를 염두에 둔 것이었다. 인류가 지혜를 배우는 데는 오랜 시간이 필요하다는 점에서 단기적인 실패는 불가피하지만 장기적으로는 모든 사람이 지혜를 배우게 된다고 믿었다. 케인즈의 입장은 보다 선제적이었다. 결국은 모든 사람이 죽는다고 믿었던 케인즈로서는 파국을 막으려면 당장의 실패도 용납할 수 없다고 생

또 다른 모습의 케인즈

케인즈는 철학·예술·도덕·금융·정책과 만나는 모든 영역에서 빛나는 성취를 거뒀던 거의 유일한 인물이다. 케인즈는 사상가이자 실무자였으며, 경영자이자 투기꾼이었고, 예술가의 벗이었다. 금융의 중심가 '씨티'에서 외환과 상품의 투기적 거래를 통해 50만 파운드가 넘는 거액의 재산을 모았던 한편, 이 돈으로 미술품 수집에서부터 연극·발레 등에 이르기까지 지원활동을 벌이는 등 예술에 대해서도 취미 이상의 관심을 가졌다. 블룸즈버리 그룹의 핵심인물로 여러 예술가들과 영혼의 교류를 가졌고, 케임브리지 예술 극단을 설립했으며, 로얄오페라하우스의 대표 이사로 활동했고, 예술작품·골동품·고서적 수집가로도 유명했다. 예술과 사업 사이를 우아하게 넘나들었던 인물은 케인즈 이전에도 없었고, 케인즈 이후에도 결코 없었다. 또한 그는 세상의 모든 것에 관심이 있었고, 모든 것을 알아야만 했던 사람이었다. 모험을 두려워하지 않았던 이 자유인은 탐구의 대상을 인간의 성적 취향으로까지 확대해, 동성애와 이성애의 경계를 아슬아슬하게 넘나들기도 했다. 그는 42세가 되던 해 러시아의 디아길레프 발레단의 프리마돈나였던 리디아 로포코바와 결혼하여 질풍노도와도 같은 격정적인 삶에 마침표를 찍고, 경제학으로 세상을 구하는 데 본격적으로 나선다.

각했다.

두 사람은 많은 차이에도 불구하고 평생 우호적인 관계를 유지했다. 나아가 의외로 많은 전제들을 공유하기도 했다. 이들은 모두 철학을 통해 경제학을 접했고, 경제학은 자연과학과 달라야 한다고 믿었다. 경제적 의사 결정에서 주관적 요소가 갖는 중요성을 강조한 것이나, 계량경제학에 대해 비판적이었던 것도 같은 맥락이라고 할 수 있다. 정의의 절차 이론에 관심을 표명했고, 부자(의 소비)가 사회에 기여한다고 믿었던 엘리트주의자였으며, 민주주의에 대해서도 다소간 회의적이었다.

꿀벌의 우화로 유명한 버나드 맨더빌$^{\text{Bernard de Mandeville, 1670?~1733}}$의 역설적 지혜를 즐겨 활용했다는 점도 눈에 띈다. 하이에크는 개인들의 의도하지 않은 행동 속에서 시장과 제도가 자생적으로 진화해왔다는 명제를 평생 동안 놓지 않았다. 『일반 이론』에는 '절약의 역설'과 같은 '인간 행동의 의도하지 않은 결과'에 대한 사례가 풍부하게 들어 있다.

끝나지 않은 대결

두 사람의 대결은 케인즈 사후에도 계속되었다. 먼저 승리한 것은 케인즈였다. 비록 육체적 생명은 다했지만 그의 '아이디어'는 수많은 후계자들의 이론과 정책을 통해 전후 서방 세계의 경제적 번영에 결정적으로 기여했다. 이 기간 동안 하이

에크는 케인즈와의 논쟁에서 패배한 인물로 서서히 잊혀지고 있었거나 아니면 극단적인 방식으로 시장과 자유를 옹호하는 괴짜 사상가로 치부되었다. 그러나 잘나가던 자본주의 경제에 위기가 닥치면서 세상은 다시 하이에크를 주목했고, 하이에크의 시대가 빠르게 전개된다. 그리고 1992년 세상을 떠날 무렵, 하이에크는 프리드먼·로버트 노직^{Robert Nozick, 1938~2002}과 함께 대처·레이건 혁명의 이론적 아버지로 격상되었다. 세계화와 신자유주의로 대표되는 오늘날 하이에크의 승리는 다시 뒤집어질 수 없는 것처럼 보인다. 정부는 비효율적이고 무능하며 부패의 온상으로 낙인찍혔고, 대신 모든 것은 시장에 맡겨야 한다는 시장만능론이 새로운 시대정신이 되었다. 시장을 방치하면 극심한 경기 변동이 발생한다거나 실업이 불가피하다거나 빈부격차가 심화될 수밖에

없다는 케인즈의 우려 또한 철 지난 유행으로 전락했다.

　그렇다면 두 사람의 대결은 하이에크의 승리로 종결된 것인가? 두 사람의 대결은 아직 끝나지 않았다고 보아야 한다. 이 점은 하이에크 스스로도 거듭 강조한 바 있다. 그는 노벨상 수상 이후는 물론, 사회주의 국가가 몰락하고 전 세계가 금융의 자유로운 이동과 함께 신자유주의를 급속히 받아들이는 상황에서도 인류에게 평등과 연대의 정서가 유전자처럼 남아 있는 한, 집산주의가 언제라도 다시 돌아올 수 있다며 경계를 늦추지 않았다. 자유 경쟁을 표방했던 19세기의 자유방임 자본주의가 오히려 독점을 심화시키고 빈부격차를 확대하자 고삐 풀린 시장을 규제하려는 움직임이 새롭게 힘을 얻고 결국에는 수정 자본주의와 혼합경제로 옮겨 갔듯이, 오늘날의 신자유주의 경제가 빈부격차와 양극화의 문제를 끝내 해결하지 못한다면 케인즈의 이념에 보다 근접하는 새로운 자본주의가 출현할 가능성이 높다. 나아가 하이에크의 주장처럼 인간의 유전자 속에 이기심이나 경쟁심과 더불어 평등이나 연대의 감정도 함께 들어 있는 게 맞다면, 케인즈가 생각하는 유토피아는 생각보다 가까운 곳에 있을지도 모른다.

나아가 하이에크의 이념이 전세계를 평정한 것처럼 보이는 오늘날에도 케인즈와 하이에크 사이의 대결은 진행 중이다. 사회주의의 몰락과 함께 '자본주의 VS. 사회주의'라는 체제경쟁은 사라졌지만, 그럼에도 '자본주의 VS. 자본주의'라는 체제경쟁은 여전히 존재한다. 오늘날 대부분의 나라는 사유재산과 시장경제를 근간으로 한다는 점에서는 자본주의에 속하지만, 시장의 역할과 위상이라는 측면에서는 각국 사이에 적지 않은 차이가 존재한다. 케인즈의 이념에 부합하는 자본주의인 복지국가 또는 합의사회와 하이에크의 이념에 부합하는 자본주의인 기업국가 또는 시장사회 사이의 대결이 여전히 계속되고 있다. 전자에 해당하는 것이 유럽 대륙, 특히 북유럽 나라들이라면, 후자의 대표적인 나라는 바로 미국과 영국이라고 할 수 있다. 같은 자본주의인데도 경제의 운영과 관련해서는 적지 않은 차이를 보이는 이들 나라들은 현재 '경제성장'과 '사회통합'이라는 목표를 놓고 상대방에 비해 더 우월한 성과를 거두기 위해 보이지 않는 경쟁을 벌이고 있는 셈이다. 케인즈와 하이에크 사이의 승부에 대한 앞으로의 평가는 이처럼 상이한 유형의 자본주의들 사이에 벌어지는 경쟁의 향방에 달려 있다고 해도 과언이 아니다.

두 자본주의 간의 대결이 어떻게 판가름날지는 아직 속단하기 어렵다. 하이에크의 가르침에 가장 충실한 미국은 역동적인 사회이기는 하지만 시간이 지날수록 빈부격차가 확대되고 있으며 계층의 사회적 이동성 또한 높지 않다.《이코노미스트 The Economist》에 소개된 한 연구를 보면, 유럽에서 가난한 집의 자식으로 태어난 사람이 부모보다 경제적으로 나아질 확률은 75퍼센트였음에 비해 미국에서의 가능성은 50퍼센트에 지나지 않는다. 한편 케인즈의 가르침에 보다 충실했던 독일과 일본은 1980년대 이전만 해도 미국보다 우월한 경제적 성과를 발휘했다. 이들 나라는 그후 경쟁력이 약화되기는 했지만 다수의 국민들은 여전히 양호한 삶의 질을 향유하고 있다. 더욱이 미국 못지않은 역동성과 경쟁력을 유지하면서도 훨씬 더 수준 높은 복지와 평등한 소득분배를 누리고 있는 핀란드·스웨덴·덴마크 등 북유럽 국가들도 있다.

'자본주의의 다양성'과 '경제적 문제들에 대한 여러 조정 방식들'에 주목하는 학자들은 세계화 시대에 미국식 시장주의가 유일한 경제적 표준이라는 주장에 반하는 다양한 현실에 주목한다. 노사관계, 기업지배구조, 교육 및 직업훈련, 기업간 관계, 사회복지 등 경제의 여러 영역에서 중요한 결정을 자유시장에만 맡기는 나라는 그리 많지 않다. 이해당사자 자본주의 stakeholder capitalism•라고 알려진 많은 나라들에서는 여전히 상호협의와 타협을 통해 시장 이외의 제도와 규칙으로 경제활동을 조정하고 있으며, 이러한 방식을 통해 나쁘지 않은 경제적 성과를 거두고 있는 것이 사실이다.

케인즈와
하이에크를 결합한 사람들

케인즈와 하에에크는 여러 공통점에도 불구하고 시장에 대한 상이한 관점으로 인해 진정한 화해를 이루지는 못했다. 이들의 사상을 화학적으로 결합한 새로운 사상이나 이론이 출현하지 못한 것도 궁극적으로는 이들의 철학적·정치적 입장이 다르기 때문일 것이다. 하지만 사회적 약자에 대한 배려와 공공성을 중시하는 케인즈와 개인의 창의와 시장경제의 활력을 중시하는 하이에크의 긍정적 측면을 결합해 현실을 변화시키려는 움직임들이 전혀 없었던 것은 아니다.

가령, 몇 년 전 노벨평화상을 수상한 무하마드 유누스^{Muhammad Yunus}의 사례를 살펴보자. 그는 세계 최빈국의 하나인 방글라데시에 마이크로크레디트^{microcredit} 단체인 그라민 은행을 출범시켜 빈곤 퇴치의 새로운 가능성을 입증한 인물이다. "자비도 사랑과 마찬가지로 지나치면 감옥이 될 수 있다"고 믿는 그는 정부 주도의 복지제도에 대해서는 대단히 비판적이다. 정부가 세금을 거두어 가난한 사람들에게 보조금을 주는 것은 이들의 어려움을 일시적

∷ 이해당사자 자본주의(stakeholder capitalism)
이해당사자 자본주의란 포용과 관용 그리고 신뢰의 덕목으로 이윤 추구 원리를 보완하려는 시장경제 패러다임이다. 주주의 이익 극대화에 가장 큰 가치를 부여하는 주주 자본주의(shareholder capitalism)를 한 단계 뛰어넘어 노동조합, 시민조직, 지역사회 등 다양한 이해당사자의 자율적 참여와 합의를 중시하는 경제체제라고 할 수 있다.

으로만 달래줄 뿐이며 이들이 가난에서 벗어나게 하는 데는 도움이 되지 않는다고 보았다. 이 점에서 그는 정부의 개입을 가능한 한 줄여야 한다는 하이에크에 가깝다. 하지만 강자의 입장을 옹호하는 자본주의 시장경제를 비판하며, 가난을 퇴치하기 위해서는 시장을 넘어서는 구체적인 행동이 필요하다고 믿었다는 점에서는 경제적 자유주의에 비판적이었던 케인즈와 문제의식을 공유한다. 그가 세운 그라민 은행의 꿈은 이 세상에서 가난과 사회보조금을 몰아내는 것이다. 그라민 은행은 융자를 희망하는 최저 빈곤층 여성들을 대상으로 공동 대출 프로그램을 운영하고 있다. 이 프로그램은 다섯 명이 자발적으로 짝을 지어 대출을 신청하도록 해, 먼저 두 명에게 창업 자금을 제공한 후 이들이 매주 단위로 이루어지는 분할 상환 약속을 지키면 그 다음 두 사람에게 돈을 빌려주고, 이들이 모두 상환에 성공하면 마지막 사람에게 대출을 해 주는 방식으로 운영된다. 이들이 소액의 대출금을 모두 갚으면 다음에는 더 많은 금액을 대출해 준다. 이런 방법으로 그라민

:: **마이크로크레디트**

마이크로크레디트란 자활의지를 지닌 빈곤층에게 담보 없이 소액의 창업자금을 제공하고 지속적인 사후관리와 경영 컨설팅을 통해 사회적 취약계층의 빈곤탈출을 돕는 대안적 금융단체를 지칭한다. 세계적으로는 방글라데시의 그라민은행과 미국의 액시온 USA 등이 있으며, 우리나라에서도 사회연대은행과 신나는조합이 활발한 활동을 벌이고 있다.

은행은 99퍼센트의 높은 상환률을 달성할 수 있었고, 장기 융자 대상자 중 42퍼센트가 빈곤선에서 벗어난 것으로 알려졌다.

한편 최근에는 비영리단체^{Non Profit Organization: NPO}와 사회적 기업가^{social entrepreneurs}의 역할이 눈에 띈다. 1980년대 영국에서는 대규모의 복지지출 삭감을 단행하는 과정에서 일어난 공공성의 후퇴를 보완하기 위해 사회성이 강한 서비스를 제공하는 기업가가 민간으로부터 출현하기 시작했다. 가령 영국의 대표적인 비영리단체, 옥스팜^{Oxfam}이 만든 카페다이렉트^{Cafedirect}라는 회사가 있다. 이 회사는 정당한 임금을 제공한 농가에서만 커피 원료를 구입하는 이른바 공정무역의 원칙을 준수하면서도 영국 최대의 커피 브랜드 중 하나가 될 수 있었다. 피프틴^{Fifteen}이라는 음식점은 청년 실업자와 노숙자, 알콜 중독자 등을 종업원으로 고용해 고급 음식을 판매하고 기술과 경험을 습득한 종업원들에게는 창업 기회를 제공하는 사업체이다. 이들 사회적 기업 중에는 종업원 소유기업도 적지 않으며, 대부분 비영리조직으로 세제상의 혜택을 받는다.

현재 영국에서는 사회적 기업이 노동·보수 양당의 전폭적인 지지를 받으며 계속 늘어나고 있다. 보수당의 입장에서 보자면, 주로 대도시의 사회문제 치유에 나서는 사회적 기업을 육성한다는 것은 과거 어렵게 지지를 얻어냈던 지역의 표를 되찾는 지름길이 될 수 있다. 뿐만 아니라 기업 경영의 노하우를 공공 부문에 전승한다는 발상 또한 사업가를 중시하는 이들의 이념적 성향에 부합되기도 한다. 노동당의 입장에서는, 사회적 기업은 지방정부의 관료주의를 우회해 활력 넘치는 사회서비스를 제공할 수 있을 뿐 아니라 공공 서비스 개혁의 원동력도 제공한다는 장점이 있다. 더욱이 이들의 활동은 19세기 후반과 20세기 초반 사회개혁가들에 의해 주창되었던 생산자 협동조합 또는 자율공동체의 이상을 반추시킨다는 점에서도 노동당 지지자들에게는 매력적이다.

이윤을 추구하면서도 사회와 공동체에 대한 관심을 잃지 않고, 공공성을 추구하면서도 시장에서의 생존을 통해 스스로를 증명한다는 점에서 비영리단체와 사회적 기업가는 케인즈와 하이에크의 합리적 핵심을 계승했다고 볼 수 있다. 또한 최근 우리 사회는 '정부의 비효율'과 '시장의 폭주' 속에서 점차 양극화가 심화되고 있다. 약육강식의 정글처럼 변해가는 시장만으로는, 관료주의가 사라졌다고는 차마 이야기할 수 없는 정부만으로는, 지속가능한 성장을 달성하는 것은 곤란해졌다. 그리고 안정적 일자리의 원천이었던 기업이 인건비 절감을 위해 비정규직을 선호하고 있으며, 기술진보와 지식정보화와 세계화의 물결 속에서 기업의 고용창출 역량 자체가 눈에 띄게 약화되고 있는 것도 큰 문제다. 이러한 상황에서 비영리단체와 사회적 기업가들이 어린이·노인·여성·교육·의료·문화 등의 영역을 중심으로 시민들의 다양한 수요에 부응할 사회서비스업을 발전시킨다면 우리 사회의 고용과 복지 문제를 해결하는 데 큰 도움이 될 것이다.

John M. Keynes

Chapter 3

🎙 대화
TALKING

Friedrich A. Hayek

대 화

일본의 장기 불황, 원인부터 해법까지

사회자 애덤 스미스
토론자 카를 마르크스, 존 메이너드 케인스, 프리드리히 폰 하이에크, 조지프 슘페터
시민 논객 폴 크루그먼(경제학자), 무라카미 류(소설가)

오프닝 멘트

|스미스| 안녕하십니까? 오늘 이 시간에는 일본의 장기 불황 문제를 토론해보려고 합니다. 일본은 지난 1980년대 말까지만 해도 세계에서 가장 건실한 경제를 자랑했던 나라였습니다. 높은 생산성과 품질 경쟁력으로 전 세계의 고부가가치 상품 시장을 석권했을 뿐 아니라 강한 엔화를 무기로 미국의 기업과 부동산을 소유하기도 했지요. 숀 코너리와 웨슬리 스나입스가 주연한 영

화, 〈떠오르는 태양^{Rising Sun}〉(1993)을 보면, 미국인들이 일본을 얼마나 경계했는지를 확인할 수 있습니다. 그런데 하늘 높은 줄 모르고 치솟았던 도쿄의 부동산 가격이 폭락하면서 돌연 경기 침체에 접어들게 됩니다. 처음에는 일시적인 경기 후퇴라고 생각되었던 불황이 무려 15년 넘게 계속되면서 이 장기 불황의 정체를 해명하려는 수많은 시도가 있었습니다만, 아직도 합의된 결론은 얻지 못하고 있는 상황입니다. 오늘 이 자리가 그동안의 문제에 대한 결정적인 실마리를 제공하는 자리가 되기를 기대해보면서 토론을 시작하겠습니다. 먼저, 『자본론』의 저자 카를 마르크스 선생이 나오셨습니다. 대공황을 해결하는 데 결정적인 아이디어를 제공한 존 메이너드 케인즈 선생입니다. 케인즈 선생의 영원한 맞수인 프리드리히 폰 하이에크 선생이 나오셨습니다. 마지막으로 케인즈 선생과 같은 해에 태어났고 일본에서 특히 인기가 많은 조지프 슘페터 선생입니다.

불황의 원인은 무엇인가?

|스미스| 우선, 일본의 불황이 왜 발생했는지부터 알아보기로 할까요? 우선 현재 가장 인기 있는 경제학자인 하이에크 선생부터 말씀해주시죠.

|하이에크| 일본 경제의 불황은 저 자신도 포함되어 있는 오스트리아학파의 경기 변동 이론으로 설명할 수 있습니다. 경제에는 눈

에 보이지는 않지만 자연이자율이란 게 존재합니다. 경제의 기초 체력을 반영하는 게 이자율이라고 보시면 됩니다. 생산성이 상승하고 이로 인해 수익성에 대한 기대가 커지고 투자가 늘어나면 이 자연이자율도 상승합니다. 1980년대 일본에서도 당연히 자연이자율이 올라갔습니다. 이때 경기의 지나친 과열을 막으려면 중앙은행이 자연이자율의 상승에 보조를 맞춰 현실의 이자율도 올렸어야 합니다. 그러나 오스트리아학파의 가르침을 잘 알고 있는 사람이 거의 없었고 또 물가상승률 또한 낮은 상황이었기 때문에 중앙은행의 금리 인상은 끝내 이루어지지 못했습니다. 자본 조달 비용이 예상 수익률보다 낮은 상황에서 유동성이 넘쳐났고 결국 과잉투자와 자산 가격 폭등 현상이 일어났습니다. 자산 가격이 경제의 실력 이상으로 계속 올라가는 것은 불가능합니다. 과잉투자 역시 격렬한 반작용을 가져올 수밖에 없습니다. 이러한 반작용이 곧 일본 경제가 겪었던 불황의 정체라고 할 수 있습니다. 순수 경제 논리만으로 보자면, 저는 자연이자율보다 낮은 수준에서 저금리 기조가 오랫동안 방치된 것이야말로 일본의 경기 침체를 가져온 근본적인 원인이라고 생각합니다.

| 슘페터 | 여러분도 잘 아시다시피 저는 자본주의 경제의 본질을 해명하는 데 평생을 바친 '서재의 사람'입니다. 그런 저로서는 일본이라는 특정 국가의 불황이 왜 발생했는지에 대해 실속 있는 얘기를 하기는 곤란합니다. 하지만 일반론적인 얘기는 할 수 있습니다. 경제의 번영을 이끄는 것은 창조적 기업가의 혁신에 의한 신기술입니다. 이 신기술은 기업가에게 막대한 초과이윤을

안겨다줄 뿐 아니라 사회 전체에도 큰 이익을 제공합니다. 그러나 이 신기술이 사회 전체로 보급되면 더 이상의 초과이윤은 불가능하며 불황이 찾아오게 마련입니다. 일본의 불황도 기본적으로는 이러한 맥락에서 발생했다고 할 수 있습니다. 특히 일본은 서양에 비해 경제의 운용에 있어 특수한 점이 많이 있었습니다. 이러한 특수성이 일본 경제의 번영을 이끈 결정적인 요인이었던 시절도 있었지만, 상황이 변화함에 따라 더 이상의 번영을 어렵게 만들었다고 봅니다. 관료 주도적이고 집단주의적이며 폐쇄적인 경제운영방식 또한 세계화 시대의 거대한 시장 경쟁에서 일본이 뒤처지도록 만든 중요한 요인일 것입니다.

|케인즈| 일본의 불황이 왜 왔는가라는 문제에 관한 한, 제 오랜 친구인 하이에크 선생과 대체로 비슷한 생각입니다. 자유롭게 방임된 시장경제는 주기적으로 찾아오는 경기 후퇴로부터 자유로울 수 없습니다. 특히 기업가들의 투자가 주관적 성격을 갖는다는 점, 그리고 현대 경제에서 고도로 발달한 금융이 경기 순환의 진폭을 더욱 크게 한다는 점을 강조하고 싶습니다. 기업가들의 투자 의사 결정은 먼 미래의 수익성에 대한 장기 기대에 좌우되는데, 이 장기 기대는 객관적 근거가 희박하기 때문에 자주 변동하지는 않지만, 일단 바뀌면 크게 움직입니다. 일본의 갑작스러운 불황도 근본적으로는 기업가의 장기 기대가 낙관적인 기조에서 비관적인 기조로 돌아선 것에서 비롯되었다고 할 수 있습니다. 이때 잘 발달된 금융이 상황을 더욱 어렵게 악화시켰습니다. 물건이 팔리지 않아 현금 흐름이 악화되면 기업은 금융 채무를

이행하는 데 어려움을 겪게 되는데 거기서 더욱 악화되면 채무 불이행 사태 default 에 빠지게 됩니다. 이 경우 실물 부문의 어려움 은 금융 부문으로 파급되고, 동반 부실에 직면한 금융 시장이 다 시 실물 부문의 어려움을 가중시킵니다. 금융이 실물 부문에 추 가적인 자금을 공급해줄 능력도 의사도 상실하게 됨으로써, 흑 자 기업마저 일시적인 유동성 위기로 도산을 하고 마침내 경제 전체의 불황이 본격화되는 것이지요.

|스미스| 하지만 일본 경제에 구조적 약점이 있었던 것도 장기 불 황의 원인이라고 보아야 하지 않을까요? 구조적 약점이 있었다 는 건 사실 아닙니까?

|케인즈| 물론 일본 경제가 약점을 가지고 있었던 것은 사실입니 다. 변화에 빠르게 대응할 수 있는 정치력이랄까 리더십이 부족 합니다. 하지만 이건 불황을 가져온 원인이 아니라 불황 탈출을 어렵게 만든 요인이라고 보아야 합니다. 적어도 불황의 시작에 관한 한, 그 원인은 일본 경제의 특수성이나 글로벌 스탠더드에 대한 부적응에 있었던 것이 아니라 버블 붕괴가 초래한 금융 기 관의 약체화에 있었습니다. 저는 일본 불황의 경우에는 국제 정 치적 맥락도 중요하다고 봅니다. 1980년대 중·후반의 저금리 정책은 단순한 정책 실패가 아니었으며 국제적 수준에서 시도된 '외압'의 산물이기 때문입니다. 이때 중요한 것이 1985년에 있 었던 플라자 합의 Plaza Accord 입니다. 당시 미국은 일본과의 국제 경 쟁에서 뒤처져 있었고 막대한 경상수지 적자로 어려움을 겪고

있었습니다. 당시 서방 선진국들은 이 문제를 엔화의 평가절상을 통해 해결하려 했고 일본의 정책당국이 이를 받아들이면서 플라자 합의가 성립합니다. 이 과정에서 1984년에 1달러당 244엔이던 엔화 가치가 1986년에는 1달러당 160엔 수준으로 급격하게 상승했고, 이에 따라 수출이 크게 줄어들면서 '엔고 불황'이 발생합니다. 일본 정부는 이에 대응하여 대대적인 금융 완화 정책을 펼치게 됩니다. 그렇지 않아도 막대한 무역 수지 흑자로 인해 국내 통화량이 크게 늘어나던 상황에서 초저금리 정책이 시행되자 막대한 잉여 자금이 주식과 부동산으로 몰려들었으며, 이것이 바로 장기 불황의 온상이 되었던 것이지요.

|마르크스| 플라자 합의에 의한 엔고가 일본 불황을 가져온 중요한 요인이라는 점에는 동의합니다. 하지만 플라자 합의가 왜 출현했는지, 그리고 이를 막을 수는 없었는지에 대해서는 의견이 다릅니다. 여기에서 우리는 1970년대에 들어서면서 세계 경제가 장기적인 하강 국면에 진입했다는 점에 주목해야 합니다. 일본의 불황은 일본만의 문제가 아니라 1970년대 이후 심화된 전 세계 제조업의 과잉설비 및 과잉생산의 직접적인 결과물이라고 보아야 합니다. 이때를 기점으로 미국의 제조업체들은 이윤율이 지속적으로 하락하는 어려움에 직면했습니다. 플라자 합의를 제안했던 것도 이 때문이었지요. 미국의 제조업체들은 플라자 합의를 통해 달러화 가치를 낮춤으로써 가격 경쟁력을 회복했고 수출을 늘릴 수 있었지만, 대신 일본과 독일의 제조업체들이 어려움을 겪게 되었습니다. 일종의 '제로섬' 게임이 작동하고 있었

던 것이지요. 특히 일본은 그동안 국가·은행·기업 간의 긴밀한 네트워크를 형성해 투자를 확대해왔고, 협조적인 노사 관계 속에서 노동자의 임금 상승률을 생산성 상승률보다 낮은 수준으로 유지해왔습니다. 일본 경제는 이러한 특수성에 힘입어 다른 나라들보다 투자를 더 늘렸는데, 그에 따라 국내 수요로는 처분이 불가능한 과잉생산이 일어났습니다. 일본은 과잉설비에서 비롯된 이윤 하락 압력을 수출을 통해 해소해왔습니다. 수출 의존도가 높은 일본으로서는 플라자 합의가 결정적인 타격이 될 수밖에 없었던 것이지요. 이때 플라자 합의를 받아들이지 않았어야 한다는 의견도 있습니다만, 이것은 불가능한 요구입니다. 해외 시장, 특히 미국 시장에 크게 의존하던 일본으로서는 플라자 합의를 수용하는 것 이외에 선택의 여지가 없었습니다. 당시 미국에서는 일본에 대한 반감이 컸으며 보호 무역을 강화해야 한다는 여론이 강했는데, 이런 상황에서 일본이 플라자 합의를 받지 않고서는 미국 시장에 계속 접근하는 것이 불가능했습니다.

불황 장기화의 원인을 말하다

| 스미스 | 세계가 일본의 불황에 주목했던 이유에는 그토록 번영했던 국가가 왜 돌연 불황을 맞게 되었는가를 납득하기 어려웠던 점도 있었습니다. 하지만 세계를 더 곤혹스럽게 했던 것은 일본의 불황이 예상보다 훨씬 길었던 데 있습니다. 호황은 불황으로 이어지고, 불황은 다시 호황으로 이어질 수밖에 없는데, 일본경

제는 버블 붕괴 후 새로운 호황을 맞는 데 무려 15년이 걸렸습니다. 불황이 이렇게 장기화된 이유는 어디에 있는 것일까요? 케인즈 선생부터 얘기해주실까요?

|케인즈| 구조조정을 지나치게 강조하면서 총수요를 진작시키는 정책을 펴지 않은 것이 불황을 장기화한 원인이라고 할 수 있습니다. 장기에 초점을 맞춘 '내일의 경제학'도 중요하지만 당장 불황을 탈출하는 데는 무엇보다도 위축된 수요를 늘릴 수 있는 '오늘의 경제학'이 필요합니다. 내일을 위한 정책과 오늘을 위한 정책이 종종 충돌하기도 하지만, 일본 경제의 치료는 '조기 발견, 조기 치료'가 대원칙이었습니다.

|하이에크| 저는 그 의견에 동의할 수 없습니다. 문제가 생긴 경제를 정상화시키는 자연적인 치료 과정이 바로 불황입니다. 이를 인위적으로 개입하여 막거나 그 시간을 단축시키려 하면 병만 키우게 마련입니다. 일본에서 불황이 장기화한 것도 바로 이런 관점에서 설명이 가능합니다. 그리고 그동안 일본 경제가 정부 개입·종신고용·연공서열·정책 금융 등 시장 경제 원리와는 다른 제도적 요인들에 의존해왔던 것도 불황에서 신속히 탈출하지 못하게 한 요인이라고 생각합니다. 경제활동의 자유가 충분히 보장되지 않은 사회는 신진대사에 반드시 필요한 창의력이나 활력이 사라지기 때문입니다.

|케인즈| 각종 경제 환경이 변하면서 기존의 경제 시스템이 과거와

달리 제대로 작동하지 못했다는 점에서 일본 경제가 모종의 병에 걸렸다고 볼 수도 있습니다. 하지만 일본 경제가 심각한 병에 걸렸던 것은 아닙니다. 일본은 여전히 세계에서 가장 경쟁력 있는 인적 자원을 보유하고 있습니다. 전쟁으로 공장이나 기계가 불타 없어진 것도 아니죠. 문제는 수요의 부족으로 자원이 모두 이용되지 못했다는 점에 있습니다. 불황이 장기화한 결정적인 이유는 정부가 시장의 구조조정을 막은 데 있는 것이 아니라 사람들의 비관적 인식을 바꿔놓지 못했고 그로 인해 돈을 쓰려 하지 않은 데 있다고 보아야 합니다.

|슘페터| 하지만 일본 정부가 수요 진작을 위해 정부 지출을 늘리고 금리를 인하하는 등 확장적인 정책을 펼쳤음에도 경기가 회복되지 않았다는 점에 주목할 필요가 있습니다. 그리고 불황은 '적당한 가랑비'라는 인식의 전환도 필요합니다. 모든 문제를 정부가 해결해줄 것이라는 막연한 기대가 불황을 장기화시켰다고 생각합니다.

|마르크스| 저는 일본이 겪은 불황의 본질이 공황이라고 생각합니다. 공황이란 용어를 고집하는 이유는 일본의 불황이 단순한 정책 실수나 외부적 충격에서 비롯된 것이 아니라 구조적 위기에서 비롯되었다고 믿기 때문입니다. 이것은 자본가에게 일정한 수익성을 제공할 능력이 소진되었음을 의미하는 것이죠. 공황은 기존 체제가 이윤을 가져다줄 능력을 잃었다는 사실을 고백하는 과정인 동시에, 이윤을 획득할 수 없게 된 자본을 폭력적으로 정

리하는 과정이기도 합니다. 그런데 각종 관계망이 대단히 촘촘히 짜여 있는 일본의 경우에는 구조조정이 유독 어려웠고 그로 인해 불황이 장기화했다는 점은 부정할 수 없는 사실로 보입니다.

|스미스| 마르크스, 하이에크, 슘페터 세 분은 자본주의에 대한 생각이 다른 분들인데, 일본의 불황이 장기화된 원인에 대해서만큼은 생각이 비슷해 보입니다. 어쨌든 정부가 수요 진작책을 썼는데도 경기가 회복되지 못했다는 건 아픈 지적이네요.

|케인즈| 그 얘기에는 동의할 수 없습니다. 버블 붕괴 후 제로 금리·재정 지출 확대·감세 정책이 시행된 것은 사실입니다. 하지만 이 수요 진작책은 일정한 성과를 냈습니다. 재정 지출이 대규모로 행해졌던 1990년대 중반 일본 경제는 미약하나마 분명한 회복세를 보였습니다. 문제는 이것이 지속되지 못하고 중도에 좌절되었다는 것입니다. 즉 수요 진작책은 일관되게 집행되지 못했습니다. 저는 특히 1997년 봄 하시모토 내각(1996~1998)이 사태를 결정적으로 악화시켰다고 봅니다. 하시모토 내각은 출범하자마자 기존의 정책 노선을 뒤집어 기업 및 금융 구조조정과 재정 개혁이라는 명분하에 소비세 인상·사회보장 축소·공공 투자 억제와 같은 조치를 단행했는데, 이제 막 본격화하려던 경기 회복의 싹을 꺾습니다. 이와 함께 금융 빅뱅 정책을 무리하게 추진함으로써 금융기관들의 잇따른 파산을 가져와 기업과 은행의 구조조정은 더욱 어려워졌던 것입니다. 만약 정부가 구조개혁론의 환상에 휩쓸리지 않고 확장적 거시 정책을 뚝심 있게 펼쳤다

면 장기 불황과 같은 사태는 충분히 예방할 수 있었을 것입니다.

장기 불황의 해법은 무엇인가?

|스미스| 말씀을 듣고 보니 그런 것 같기도 합니다. 반론이 있더라도 시간 관계상 다음 주제로 넘어가겠습니다. 장기 불황으로부터 벗어날 해법은 무엇일까요? 하이에크 선생부터 의견을 주시지요.

|하이에크| 과잉투자가 해소되지 않는 한 불황은 끝날 수 없습니다. 일본 경제는 기업·금융·노동 등 세 영역의 과잉으로 어려움을 겪었는데, 고통스럽더라도 이들 부문의 과잉을 과감하게 정리할 필요가 있습니다. 생산성이 떨어지는 산업이나 기업은 과감하게 청산을 유도하고 새로운 산업의 신규 창업을 유도해야 합니다. 과거, 정부의 보호 아래 있었던 은행도 부실이 클 경우에는 파산을 시킬 수밖에 없습니다. 무엇보다 중요한 것은 노동이 신축적으로 고용될 수 있도록 노동 시장의 유연화를 일관되게 추진해야만 합니다. 고용과 임금이 시장 논리에 의해 결정되도록 하는 것이 경제 회생의 결정적인 관건입니다. 다행히도 최근 들어 일본 경제는 눈에 띄게 회복세를 보이고 있는데, 그동안의 고통스러웠던 구조조정이 이제 그 열매를 맺고 있다고 생각합니다.

|슘페터| 여러분들도 잘 아시겠지만 저는 경제 발전의 핵심은 '혁신'에 있다고 생각합니다. 혁신의 본질은 창조적 파괴입니다. 혁신이란 보다 많은 이윤 획득을 위해 기업가가 행하는 일련의 활동들, 곧 신상품 제조는 물론 새로운 생산 방법의 도입·새로운 판로 개척·신자원 획득·신조직 형성 등을 말합니다. 이 과정은 아직 충분히 사용할 수 있는 기존의 생산 방식·생산물·판로·조직 등을 해체해버리는 것이라는 점에서 '파괴'이지만, 동시에 보다 높은 수익성의 획득을 위한 파괴라는 점에서 '창조적 파괴'라고 할 수 있습니다. 일본이 장기 불황에서 벗어나려면 오랜 기간 동안 번영 속에서 잃어버렸던 모험 정신·기업가 정신을 경제 전반에 다시 확산시키는 것이 중요합니다. 이제까지 일본은 기존의 기술을 개량하는 데 탁월한 능력을 발휘해 경제 성장을 이루었습니다만, 앞으로는 세상에 없던 기술을 새롭게 개발할 수 있도록 신경을 쓸 필요가 있다고 생각합니다.

|마르크스| 케인즈 선생의 처방이 유효했던 시대가 있었습니다. 바로 1930년대 대공황 시기입니다. 그러나 이제는 아닙니다. 경기의 회복을 위해서는 이윤율의 회복이 결정적으로 중요한데, 국가의 적극적 개입으로 총수요를 늘리더라도 자본의 수익성이 개선될 가능성은 크지 않습니다. 세계 경제가 자본 과잉으로 어려움을 겪는 상황에서 일본만의 힘으로 새로운 성장 기반을 확보하는 것은 대단히 어렵기 때문입니다. 일본의 장기 불황도 기본적으로는 일본 경제만의 문제가 아니라 세계적 차원에서 자본의 수익성이 하락한 것, 특히 오늘날 세계 자본주의의 헤게모니

국가인 미국 경제의 성장 잠재력이 약화한 데서 비롯된 문제이므로, 그 해법 또한 일본의 국내적 노력만으로는 한계가 있을 수밖에 없습니다. 필요한 것은 전 세계 차원에서 과잉자본을 해소하고 새로운 수익원을 창출하는 것인데, 이 또한 쉽지 않다고 봅니다. 저는 자본주의 경제가 최종적인 위기 국면으로 진입하고 있다고 생각합니다.

|케인즈| 저는 마르크스 선생님처럼 비관적으로만 보지는 않습니다. '진정한 케인즈 정책'을 통해 일본 경제는 큰 고통 없이도 경기 회복이 가능했습니다. 제가 말씀드리는 '진정한 케인즈 정책'이란 경기 활성화 대책과 금융 시스템의 안정화 정책을 동시에 추진함으로써 경제 주체들이 경기 회복을 확신할 수 있도록 하는 정책을 의미합니다. 한편에서는 기업가의 투자 의욕과 가계의 소비 의욕을 높일 수 있는 경기 대책을 추진하고, 다른 한편에서는 은행과 금융 시장의 확신을 높일 수 있도록 불량 채권 처리에 적극적으로 나섰어야 합니다. 그런데 이처럼 실물 세계와 금융 세계의 두 측면을 동시에 아우르는 입체적 정책은 오부치 내각(1998~2000)을 제외한다면 한 번도 채택되지 않았습니다. 일본의 사회·경제 구조는 내부자에게는 쾌적하지만 외부자에게는 불공정한 시스템이라고 할 수 있습니다. 따라서 구조 개혁이 필요한 것은 사실입니다. 그러나 구조 개혁은 대단히 복잡하고 어려운 작업입니다. 여러 분야에 걸쳐 존재하는 다양한 문제점들을 어떠한 '순서'와 '속도'로 개혁할 것인가에 따라 구조 개혁의 성패는 크게 달라질 수 있습니다. '순서'의 착오는 사회

적 불공정의 원천이 되며, '템포'가 지나치게 빠르면 '통증'이 너무 큽니다. 무엇보다도 구조 개혁은 호경기에 추진하는 것이 바람직합니다. 경제가 한참 잘나가던 거품 경제 시절에 구조 개혁을 단행하는 것이 최선이었습니다만, 일단 불황이 본격화된 상황에서는 엄청난 고통을 수반하는 구조 개혁은 일단 뒤로 미루고 경기 회복에 전념해 수술을 받을 수 있도록 체력을 확보하는 것이 필요합니다.

|스미스| 이번에는 방청석의 시민 논객으로부터 질문을 받아보겠습니다. 먼저 손을 든, 수염이 멋있는 분, 질문하실까요?

|크루그먼| 저는 프린스턴 대학교에서 경제학을 가르치고 있는 폴 크루그먼 Paul R. Krugman, 1953~ 입니다. 《뉴욕 타임스 The New York Times》에 10년이 넘게 칼럼을 연재하고 있기도 합니다. 케인즈 선생은 디플레이션이 문제가 되는 시대의 스타였다고 생각합니다. 1970년대 이후 케인즈 선생이 잊혀졌던 것도 시대의 변화와 긴밀히 연결되는 것이겠지요. 그 당시의 세계가 안고 있던 문제는 디플레이션보다는 인플레이션이었으며, 불충분한 수요보다는 부적절한 저축이었다는 점에서 비케인즈적인 것들이었지요. 그러나 일본의 장기 불황을 계기로 우리는 다시 케인즈의 세계가 부활하는 것을 목격하고 있는 셈입니다. 일본은 지금 공급이 아닌 수요 결핍으로 고통받고 있으며, 이 나라 경제의 명백한 위험은 인플레이션이 아니라 디플레이션입니다. 일본을 보면서도 케인즈 경제학이 더 이상 유효하지 않다고 우긴다면, 그것은 비겁하거

나 바보 같은 짓입니다. 이제 질문을 던지겠습니다. 현재 일본 경제에 필요한 것은 인플레이션입니다. 인플레이션이 되어야만 사람들이 지갑을 열 것이기 때문입니다. 문제는 사람들의 비관적 기대가 팽배한 상황에서는 인플레이션을 발생시키는 게 대단히 어렵다는 점입니다. 케인즈 선생에게 질문을 드리겠습니다. 선생께서는 일본 경제에 인플레이션을 일으킬 묘안이 있는지요?

|케인즈| 일본에 필요한 것은 인플레이션이라는 크루그먼 교수의 의견에 전적으로 동의합니다. 인플레이션은 기본적으로 '심리적' 현상입니다. 사람들이 앞으로 물가가 올라갈 것이라고 기대하면 실제로도 물가는 올라가게 마련입니다. 따라서 지금 필요한 것은 앞으로 물가가 올라갈 수밖에 없다는 기대 심리를 사람들이 갖도록 하는 것이지요. 이건 정부만이 할 수 있는 일입니다. 중앙은행이 3퍼센트 내외의 인플레이션율을 달성해 앞으로 3년간 이 수준을 유지하겠다고 공표하고 통화 신용 정책을 통해 이 목표를 추구하는 겁니다. 중앙은행의 입장이 확고하다는 걸 인식하게 되면 사람들도 여기에 맞춰 자신의 의사 결정을 수정하게 될 겁니다. 여기에 더해 일본 정부가 확장적인 재정 정책을 펴는 것도 필요합니다.

|스미스| 일본 분의 질문도 들어보고 싶은데요. 캐주얼한 옷차림을 한 저쪽의 잘생긴 분에게 기회를 드리겠습니다.

|무라카미| 소설을 쓰는 무라카미 류(村上龍, 1952~)입니다. 저는 질문을

드리기보다는 소설가로서 일본 사회를 관찰한 느낌을 말씀드리고 싶습니다. 저는 경제학자들이 놓치고 있는 부분이 더 중요하다고 생각합니다. 저는 예전에 『엑소더스希望の國のエクソダス』(2000)라는 소설에서 중학생의 목소리를 통해 우리 사회에 느끼는 절망을 표현해본 적이 있었습니다. 그 부분을 이 자리에서 잠깐만 낭독해보겠습니다. "일본이란 나라에는 모든 것이 있습니다. 정말 많은 것이 있습니다. 그러나 희망만은 없습니다. 우리가 자란 1990년대는 거품경제에 대한 반성이 있었고, 모두 자신감을 잃었을 뿐 아무것도 변한 게 없었습니다. 지금 생각해보면 우리는 그런 우유부단한 어른들의 희생양이었습니다." 위기가 닥쳤는데도 사람들은 변하지 않는 사회, 상상력도 고갈된 사회, 그것이 오늘날의 일본입니다. 사람들의 생각이 진취적으로 바뀌지 않는 한 어떤 경제적 묘안으로도 일본의 진정한 쇄신은 불가능하다고 생각합니다.

일본 경제의 새로운 문제, 격차사회

|스미스| 저도 한번 그 소설을 읽어봐야겠군요. 하지만 당사자라서 상황을 더 비관적으로 보는 건 아닌가 싶기도 합니다. 최근 들어 일본 경제는 확실히 되살아나고 있습니다. 불황의 긴 터널을 마침내 통과했다는 증거들이 속속 제시되고 있기도 합니다. 하지만 빈부격차가 커지고 중산층이 급격하게 몰락하는 새로운 문제가 등장했습니다. 일본에서는 '격차사회' 문제라고 부른다

지요? 한국도 비슷한 문제로 고민을 많이 하고 있던데, 한국에서는 '양극화'라고 지칭하더군요. 이제, 마무리 겸 해서 이 격차사회 또는 양극화의 문제를 어떻게 보아야 할지에 대해 한 말씀씩 간단히 해주시지요.

| 마르크스 | 격차사회의 출현이 장기불황 속에서 진행된 '구조개혁'의 직접적인 결과물이란 점에 주목할 필요가 있습니다. 일본 경제의 구조는 장기에 걸친 '헤이세이平成 대불황'에 힘입어 크게 변화했습니다. 경제적 토대로부터 상부구조에 이르는 총체적인 신자유주의적 개혁의 완성 국면에 도달한 것이 현 단계라고 할 수 있습니다. 그 결과 자본도 개인도 생존을 건 필사의 경쟁에 나설 수밖에 없는 가운데 소수의 승자와 다수의 패자로 분열된 사회가 출현한 것이지요. 저는 이 상태가 오랫동안 지속될 수는 없다고 생각합니다. 사회는 더욱 불안해지고 그렇다고 전체 자본의 수익성도 안정적으로 확보되기 어려울 겁니다. 결국 자본주의의 좁은 틀을 뛰어넘어 이윤의 추구가 아니라 필요의 충족에 기반을 둔 새로운 사회를 건설하는 것만이 살길입니다. 저는 그 사회를 자유롭고 평등한 생산자들의 연합체라고 부르고 싶습니다.

| 하이에크 | 최근 들어 일본에서 소득 분배가 악화되고 대기업과 중소기업, 수출 기업과 내수 기업, 부유층과 빈곤층의 격차가 확대되고 있는 것은 사실입니다. 가슴 아픈 문제이지요. 하지만 그렇다고 해서 이 문제를 인위적으로 해결하려 하면 부작용만 커진

다는 점을 잊어서는 안 됩니다. 지금은 낡은 시스템에서 새롭고 효율적인 경제 시스템으로 이행하는 과도기라고 생각이 됩니다. 다소 고통스럽더라도 시장의 자생적 질서를 꽃피울 수만 있다면 장기적으로는 경제 전반의 체질이 개선돼 저축이 늘고 투자도 늘어 성장 잠재력이 커질 수 있을 겁니다. 이 과정에서 소득 분배에 너무 집착하는 것은 결코 바람직한 자세가 아닙니다. 부자가 더욱 부유해지는 것을 배 아파할 필요도 없고요. 경제학에는 적하효과 trickle-down effect 라는 개념이 있습니다. 경제 성장의 초기 국면에서는 제한된 자원이 특정 계층이나 특정 부문으로 몰리지만, 시간이 지나면 결국에는 다른 계층이나 부문에서도 성장의 열매를 공유하게 된다는 것이지요.

| 슘페터 | 앞으로 격차사회 문제를 해결할 수 있는지의 여부는 일본 사회가 혁신의 역량을 얼마나 발전시키고 활용하는가에 달려 있다고 봅니다. 혁신을 이끄는 것은 소수의 창조적인 기업가들이지만, 이러한 혁신이 경제 전반으로 확산되기 위해서는 사회 전반의 혁신 인프라가 잘 갖추어져 있어야 합니다. 이를 위해서는 교육과 직업 훈련이 전 계층에 골고루 제공될 수 있도록 하는 것이 무엇보다도 중요하다는 점을 강조해두고 싶습니다.

| 케인즈 | 조직에 속하지 않은 인간에게는 차별이 가해지고, 조직과 회사를 위해서라면 반사회적 행동도 주저하지 않던 회사 중심의 불공정한 사회가 바뀌고 있는 것은 분명히 바람직한 현상입니다. 그러나 새롭게 등장하고 있는 시스템이 소수의 승자와 다수

의 패자로 양극화된 사회를 낳는다면, 진정한 '자유인'이 설 자리는 여전히 존재하지 않게 됩니다. 우리는 이 점을 경계해야 합니다. 한편에서는 높은 생산성과 경쟁력이 발휘되지만, 다른 한편에서는 이 과정으로부터 배제된 다수가 존재하는 '분열사회'는 결코 건강하고 창조적인 경쟁사회가 아니기 때문입니다. 그리고 성장만 한다고 해서 양극화 문제가 해결되는 것은 아닙니다. 예전에는 적하효과가 작동했는지 몰라도 이제는 그렇지 않습니다. 세계화와 기술 진보로 국민 경제 내의 연관 관계가 크게 약화되었기 때문입니다. 이런 상황에서 진행되는 성장 일변도의 실험은 다수의 국민을 빈곤의 늪으로 내몰 가능성이 아주 높습니다. 이 점에서 저는 관점을 바꿀 필요가 있다고 생각합니다. 일본의 이웃 나라인 한국에게 주는 충고이기도 합니다. 경제는 어느 정도 성장을 하면 '풍요 속의 권태'에 빠지고, 결국 저성장의 성숙 경제로 이행할 수밖에 없습니다. 이제 활력은 다소 떨어질지 모르지만 사회와 개인이 공생하는 '생활 대국'으로의 전환을 적극적으로 고민할 시점이 되었습니다. 미국식 개인주의 경쟁 모델을 무비판적으로 도입하는 대신 일본의 비교 우위였던 조직화 능력·협조적 노동 습관·장기적인 시야·사회의 안정성 등을 유지하면서 고령화와 인구 감소 현상에 능동적으로 대응해야 합니다. 그리고 수출에 대한 의존도를 줄일 필요도 있습니다. 숙련된 노동력과 두터운 중산층을 적극적인 내수 기반으로 활용하고, 시민을 단순한 비용 절감의 대상이 아니라 유효수요의 원천이자 생산성을 이끄는 창조적 기업가로 바라보는 발상의 전환도 필요합니다.

| 스미스 | 예전에는 하이에크 선생이 저랑 가깝다고 생각했는데, 오늘 보니 케인즈 선생이 제 후계자같은 느낌이 드네요. 특히 마지막 말씀이 인상적이었습니다. 저는 오래전부터 시장의 중요성을 강조했습니다만, 시장의 힘만으로 양극화 문제가 해결될 것이라고 보지는 않습니다. 시장의 자유는 분별력 있고 신중한 도덕의 토대 위에 놓여야 합니다. 오늘날의 격차사회 또는 양극화 문제는 바로 이 점을 등한시한 결과라는 게 제 판단입니다. 더 하실 말씀들이 많이 남아 있겠지만, 시간 관계상 여기에서 마무리하겠습니다. 오늘의 토론이 경제 문제를 이해하는 데 조금이나마 도움이 되었기를 바랍니다. 고맙습니다.

John M. Keynes

Chapter 4

이슈
ISSUE

Friedrich A. Hayek

이슈 1

케인즈가 한미 FTA를 반대하는 이유

한미 FTA란?

누군가 미래에 21세기의 한국 역사를 기록한다면 2006년과 2007년을 다룬 장은 한미 FTA로 시작해 한미 FTA로 끝날 수밖에 없을 것이다. 2006년 초 협상이 개시된 한미 FTA는 격렬한 찬반양론 속에서 협상 14개월 만에 극적으로 타결되었다. 하지만 한미 양국 의회의 비준을 거쳐 협정이 발효되더라도 한미 FTA를 둘러싼 논쟁은 계속될 가능성이 대단히 높다.

원래 자유무역협정Free Trade Agreement, FTA이란, 두 나라 사이의 상호 무역을 늘리기 위해 각종 무역 장벽을 완화하거나 철폐해 상품이나 서비스의 이동을 자유롭게 하는 협정을 지칭한다. 일반적으로 자유무역협정이 체결되면, 상대방 국가의 시장도 사실상 자국 시장처럼 됨으로써 비교 우위가 있는 상품의 수출과 투자가 촉진되고 이를 통해 국민 경제 전체의 고용과 소득이 늘어나는 장점이 있는 것으로 알려져 있다. 하지만 이 과정에서 협정

대상국에 비해 경쟁력이 낮은 기업과 산업은 문을 닫아야 하는 상황이 발생할 수 있다는 문제점이 있다.

한국은 전통적으로 자원이 부족하고 인구 또한 많지 않아 수요의 많은 부분을 대외 수요, 곧 수출에 의존하는 대표적인 소규모 개방경제 국가이다. 선진국의 경우 국민소득이 2만 달러였을 때의 국내총생산GDP 대비 수출 비중이 15.4퍼센트였던 반면, 우리는 2006년 현재 57.8퍼센트나 되었다. 수출로 먹고 산다고 해도 과언이 아닌 수준이다. 그렇다면 대외 의존도가 이렇게 높은 나라에서 새로운 수출시장을 개척하겠다는 시도에 대해 그토록 격렬한 반대가 있었고, 또 앞으로도 계속될 이유는 무엇인가? 그것은 한미 FTA가 단순히 상품 교역만을 다루는 것이 아니라 농산물 및 서비스 시장, 지적 재산권, 투자국 정부에 대한 외국 기업의 소송, 의약 제도 개혁 등을 포괄하는 대단히 높은 수준의 '개방'이기 때문이다.

이와 같은 개방이 이루어지는 상황에서는 한국의 여러 제도와 규범이 미국식으로 바뀔 수밖에 없으며, 그렇기 때문에 이번 한미 FTA는 단순한 무역 자유화가 아니라 미국과의 사실상 '경제 통합'을 의미한다고 보는 사람들이 적지 않다. 이 점에 대해서는 정부를 비롯한 찬성 진영도 크게 다르지 않아 보인다. 찬성하는 측에서는 한미 FTA로 다양하고 좋은 상품을 더 싸게 살 수 있게 되어 국민들의 삶의 질이 올라갈 것이고, 기업에게도 세계 최고인 미국 기업들과의 경쟁을 통해 세계 일류로 도약하는 발판이 될 것이며, 결국 경제 시스템과 삶의 질이 업그레이드될 것이라고 홍보를 했는데, 이 주장들 역시 한미 FTA로 인해 한국의 제도가 미국처럼 변해갈 것이라는 전망에 기초해 있다고 보아야 한다. 두 진영 사이에는 미국식 경제 시스템으로 옮겨 가는 것에 대한 가치판단의 차이가 있을 뿐이다. 반대론자들의 입장에서는 이것이 우리에게 '재앙'이 될 수 있다는 것이고, 찬성론자들의 입장에서는 그렇지 않고 '축복'이 된다는 것이다.

한미 FTA가 투기꾼들에게 주권을 주는 '제2의 을사늑약'이 될지, 아니면 선진 한국을 향한 최선의 선택이 될지, 그 미래를 예단하기는 어렵다. 하지만 분명한 것은 이번 결정이 앞으로 주요한 제도와 규범들을 바꿈으로써, 긍정적인 방향으로든 부정적인 방향으로든, 우리 사회에 엄청난 변화를 가져올 것이라는 점이다. 케인즈가 살아 있다면, 이 한미 FTA를 어떻게 평가할까? 케인즈는 다음과 같은 복합적인 이유에서 한미 FTA를 반대하는 편에 섰을 가능성이 대단히 높다.

자유 무역에 대한 판단은 시대 상황에 따라 달라져야 한다

케인즈는 대부분의 영국인들과 마찬가지로 자유 무역을 존중하면서 자라왔다. 영국은 자유 무역을 통해 경제적 번영을 누릴 수 있었으며, 이것이 자유 무역에 대한 믿음을 정당화하는 데 크게 기여했다. 자유 무역을 옹호한 사람들이 영국에 많이 있었던 것도 이 때문이다. 영국인들에게 자유 무역은 합리적인 교양인이라면 의심할 수 없는 당연한 경제적 교의였을 뿐 아니라 일종의 도덕 법칙이기도 했다. 그러나 시간이 흐르면서 자유 무역에 대한 케인즈의 생각은 바뀐다. 자유 무역이 여러 미덕을 갖는다는 생각에는 변함이 없지만, 그것이 가져올 경제적 이익과 비경제적 불이익의 득실을 따져야만 자유 무역을 더욱 확대할 것인가 아니면 축소할 것인가에 대한 제대로 된 판단이 가능하다는 게 1920년대 이후 케인즈가 품게 된 입장이었다.

케인즈는 국가들 사이에 산업화나 기술 수준의 차이가 클수록 자유 무역, 곧 국제적 분업을 통해 얻는 경제적 이익 또한 커진다고 생각했다. 그리고 자본의 국제적 이동성이 높아질수록 국민 경제의 안정성은 약화되고, 사회적으로 바람직한 가치들 또한 금전적 가치와 수익성의 논리에 휘둘리게 되는 한편, 정부의 정책 수행 능력도 현저하게 약화됨으로써 각종 비경제적·사회적 불이익이 커진다고 보았다. 19세기에는 국가 간 생산성 격차가 컸으므로 자유 무역의 경제적 이익은 컸던 반면, 자본의 이동성은 그리 높지 않아 자유 무역에 따른 사회적 불이익은 크지 않았고, 따라서 자유 무역이 인류에게 도움이 될 수 있었다. 하지만 20세기로 접어들면서 국가 간의 기술 격차가 빠르게 줄어들고 대신 자본이 국경을 뛰어넘어 자유롭게 이동할 수 있게 됨에 따라 상황은 반전된다. 이제는 자유 무역에 따른 경제적 이익과 비경제적 불이익의 저울질이 불이익 쪽으로 기울기 시작하는 것이다.

가장 큰 독소조항은 투자자·국가 소송제

이런 이유로 케인즈는 국가 간의 경제적 연계를 극대화하자는 사람들보다는 극소화하자는 사람들에게 더 공감하게 되었다. 다음과 같은 유명한 발언도 현실에 대한 이러한 인식의 전환 속에서 나올 수 있었던 것이다.

> 사상과 지식, 예술과 친절 그리고 여행은 그 본성상 국제적이 되어야 하지만, 물건은 가능한 한 국산품이 바람직하며, 특히 금융은 국내에 기반을 둔 것이어야 한다.
>
> 《예일 리뷰》(1933년 여름호) 〈자족적 국민 경제〉

이번 한미 FTA의 핵심 중 하나는 미국인들의 국내 투자를 보다 쉽게 하도록 하자는 것이다. 상대방 국가에 투자했다가 정부 정책으로 손해를 본 투자자가 그 나라 정부를 대상으로 손해배상을 청구할 수 있도록 허용하는 '투자자·국가 소송제^{Investor-state Dispute settlement mechanism}'의 도입이 대표적인 예다. 케인즈가 한미 FTA 협정문을 보았다면 아마도 이 조항을 가장 우려했을 것이다. 그가 금융은 국내에 기반을 둔 것이어야 한다며 자본의 자유로운 이동에 반대했던 첫 번째 이유는 정부의 정책 수행 능력이 약화된다는 점 때문이었다. 국민 경제 전체의 이익을 고려해 수행되는 정부의 정책은 자본의 수익률을 떨어뜨릴 수 있다. 자본이 자유롭게 이동할 수 있다면 자신에게 불리한 정책이 펼쳐질 경우 즉각 해당 국가를 이탈할 것이며, 이 과정에서 자본 탈출이 대규모로 일어나면 국민 경제는 심각한 어려움에 직면한다. 따라서 자본 이동이 자유로운 경제에서 정부는 이러한 사태를 우려해 쉽사리 정책을 펼칠 수 없게 된다. 케인즈의 입장에서 보자면, 투자자·국가 소송제는 자본의 높은 이동성으로 가뜩이나 정부의 정책 수행 능력이 제약된 상황에서 정부의 손발마저 묶는 고약한 제도인 셈이다.

개방과 경쟁이 만병통치약은 아니다

한미 FTA를 추진했던 가장 큰 명분은 미국 자본과의 경쟁을 통해 국민 경제의 경쟁력을 높일 수 있다는 것이다. 요컨대, 우리 경제에 폐쇄적이고 비효율적이며 낙후된 곳이 있다면 시장을 개방해서라도 '경쟁의 새바람'을 불러일으키고 이를 통해 낡은 환부를 도려내 새살을 얻을 수 있다고 보았다. 케인즈라면 '개방을 통한 개혁'이라는 견해에도 결코 동의하지 않을 것이다. 국민 경제에 무언가 문제가 있다면, 그것은 외부의 개입을 통하지 않고 스스로의 힘으로 해결해야 하며, 장기적으로 볼 때 그것이 더 효과적이라고 믿었기 때문이다.

> 우리는 모두 나름의 꿈이 있다. 이미 구원을 받았다고 믿지는 않지만 우리 자신의 구원을 위해 무언가를 행하기를 원한다. 자유방임 자본주의라는 이상화된 원리에 따라 어떤 단일한 균형을 만들어내는 세계적인 힘에 스스로를 맡기고 싶지는 않은 것이다. 우리는 스스로의 주인이 되기를 원하며, 외부 세계의 개입으로부터 스스로의 운명을 개척할 자유를 갖기를 원한다.
>
> 《예일 리뷰》 〈자족적 국민경제〉 (1933년 여름호)

케인즈는 경쟁이 만병통치약이라고 보지도 않았다. 경쟁이 경제를 효율적으로 만드는 것은 사실이지만, 적절히 제약되지 않은 무한 경쟁은 인간을 승자의 탐욕과 패자의 불안으로 가득 찬 약육강식의 정글로 몰아넣을 뿐 아니라, 수단이 목적을 지배하는 전도된 반 윤리적 사회를 낳는다고 생각했다. 이러한 사회에서는 사적 이익과 사회적 이익이 조화를 이루고 개인의 자유를 구현하는 것은 불가능한 꿈이 될 뿐 아니라, 먼 미래를 내다보며 안정적으로 경제 활동을 수행하는 것이 불가능하기 때문에 장기적으로는 국민 경제의 효율마저 저해하게 된다.

그리고 케인즈는 경쟁이 사회를 위협하지 않고 경제적 효율을 달성하려면, 그에 걸맞은 사회적 안전망이 갖추어져 있어야 한다고 생각했다. 그가 서구 사회보장 제도의 기틀을 마련한 베버리지 보고서 Beveridge Report의 작성에 동참한 이유도 여기에 있다. 한미 FTA는 한국 사회에 거센 경쟁의 압력을 가져올 것이 분명하다. 하지만 한국 사회는 이 과정에서 일자리를 잃은 사람들을 보호하고 다시 경쟁의 장으로 복귀시킬 사회적 안전망과 교육훈련 시스템을 제대로 갖추고 있지 못하다. 완충 장치가 제대로 작동하지 않는 상황에서 격화되는 경쟁은 사회경제적 양극화의 골을 더욱 깊게 만들 것이다.

미국식 자유 시장 제도가 바람직한가?

케인즈는 국민경제의 원활한 작동을 위해서도 제도나 관습이 대단히 중요하다고 믿었다. 대다수의 경제주체들이 일상생활에서 연속성과 안정성을 확보하고 이 믿음에 근거해 다양한 경제 활동을 벌일 수 있는 것은 행동의 준거가 되는 제도와 관습들이 앞으로도 지속되리라고 믿기 때문이다. 반면, 계약의 자유와 시장의 유연화 등 경쟁 원리의 극대화에 초점을 맞춘 미국식 자유시장 제도는 신속한 구조조정에는 도움이 되지만 연속성과 안정성을 확보해준다는 제도 본연의 기능이 약화됨으로써 장기적인 투자나 숙련 제고를 방해한다.

나아가 이러한 제도가 뿌리내리게 되면 사람들의 가치판단 또한 이 방향에 맞게끔 바뀌게 된다. 무한 경쟁과 수익률이 사회를 움직이는 핵심 원리가 되면서 모든 문제는 그것이 돈이 되는가라는 관점에서 다루어진다. 경제적 문제는 물론 복지나 의료, 교육 등 다양한 사회적 현안에 대해서도 수익성 지상주의의 잣대가 적용된다. 이러한 현실을 케인즈는 다음과 같이 야유한다.

우리는 특정인에게 소유되지 않은 자연의 아름다움은 경제적 가치가 없다고 생각해, 그 전원의 미(美)를 파괴해버린다. 우리는 배당금을 주지 않는다는 이유로 태양과 별을 끌어내릴 수도 있다. 우리는 빵 한 덩어리를 조금이라도 싸게 얻을 수 있다면, 농업은 물론 농업에서 비롯된 인류의 오랜 전통마저 파괴하고 그렇게 하는 것이 도덕과는 무관한 의무라고 믿게 되었다. 배금주의의 신을 숭배해야만 빈곤의 악을 극복하고 복리에 힘입어 다음 세대를 안전하고도 편안하게 경제적 평화로 이끌 수 있다고 믿게 된 것이다.

《예일 리뷰》(1933년 여름호) 〈자족적 국민 경제〉

케인즈의 입장에 따르면, 미국식 자유방임 자본주의, 신자유주의가 비록 경쟁력의 측면에서는 우월할지라도(그것도 장담할 수 있는 것은 아니지만), 이를 신자유주의의 성공으로 볼 수는 없다. 이 자본주의는 지적이지도, 아름답지도, 공정하지도, 고결하지도 않기 때문이다. 물질적으로 번영을 이룰지라도 빈부격차가 확대되고 환경이 파괴되며 사회적 가치가 침해되는 사회는 결코 바람직한 곳이라고 할 수 없다.

이슈 2

인류는 인플레이션에서 완전히 해방되었는가?

경제학자들의 '공공의 적' 인플레이션

경제학자들이 가장 싫어하는 경제적 문제가 바로 물가수준의 지속적 상승, 곧 인플레이션이다. 특히 1970년대를 전후해서는 인플레이션이 임금 상승으로 이어지고 임금 상승이 다시 인플레이션을 가속화시키며 성장 잠재력도 갉아먹는 현상이 본격화됨에 따라, 인플레이션은 경제학자들은 물론 전세계인들의 '공공의 적'이 되었다. 이러한 상황에서 전세계 중앙은행들이 물가수준을 안정적으로 유지하는 데 앞장을 서고 세계화나 노동 시장 유연화와 같은 요인도 물가를 낮추는 것으로 작용하면서 지난 10여 년 동안에는 인플레이션의 불안이 거의 사라진 듯 보였다. 경제가 건실하게 성장하면서도 인플레이션은 낮은 경제상황을 지칭하는 '골디락스Goldilocks 경제'라는 용어가 새롭게 등장한 것도 이러한 변화와 관련이 깊다.

그렇다면, 이제 사람들은 인플레이션으로 인한 경제적 고통으로부터 완전히 해방된 것일까? 그렇지는 않다. 우선 일반 물가의 안정은 이루어졌지만, 그 와중에도 경기는 과열되었으며 부동산 가격이나 주가 등 각종 자산 가격에 거품이 끼고는 하였다. 즉 재화나 서비스의 가격과 관련된 인플레이션은 눈에 띄지 않았지만, 대신 자산 가격 인플레이션asset price inflation이 과거에 비해 훨씬 빈번하게 출현하게 되었다. 더욱이 자산 가격 인플레이션은 통상의 인플레이션에 비해 국민경제에 보다 해로울 수 있다는 데 많은 전문가들의 의견이 모아지고 있다는 점을 주목할 필요가 있다. 소비자 물가 인플레이션이 상대가격의 변화를 은폐하는 것처럼 자산 가격의 상승 또한 가격의 신호등 역할을 왜곡하고 자원의 그릇된 배분을 낳게 된다. 지나치게 많은 돈이 주식시장에 몰리면, 기업들은 주가상승에 도취한 나머지 자신의 능력을 과신하고 위험한 사업에 과잉투자할 유혹에 빠진다. 그리고 자산가격 거품은 언젠가 결국 터질 수밖에 없는데, 이때 심각한 경제적 해악이 발생한다. 특히 자산 가격이 빠르게 상승하는 것을 목격하고 빚을 내 주식이나 부동산에 투자를 한 사람들은 거품이 빠져 자산 가격이 폭락할 경우 엄청난 피해에 노출된다. "자산 가격 인플레이션"이라는 광란의 파티가 길어질수록, "부채 디플레이션과 불황"이라는 형태로 찾아오는 숙취宿醉 또한 심할 수밖에 없는 것이다. 나아가 최근에는 사전 속의 낡은 용어가 된 것처럼 보였던 일반 물가 인플레이션이 다시 세계를 위협하리라는 전망도 조금씩 제기되고 있다. 특히 그동안 세계 물가안정에 일등공신이었던 중국의 물가 상승 움직임을 우려하는 전문가들이 적지 않다. 중국 내 식품 가격 상승이 생활비 상승으로 이어지면서 이어 인건비 상승과 중국 위안화 가치 상승이 발생하면 중국산 수출 상품 가격이 급등하게 되고 이것이 세계 경제 인플레라는 악순환을 만들어낼 수 있다는 것이다. 이러한 우려가 현실화될지는 아직 미지수이지만, 분명한 것은 인플레이션은 역사의 뒤안길로 완전히 사라지지 않았다는 사실이다. 그렇다면, 하이에크와 케인즈는 인플레이션에 대해 어떤 생각을 가졌을까?

인플레이션의 경제학자, 하이에크

케인즈가 '대공황의 경제학자'였다면, 하이에크는 '인플레이션의 경제학자'라고 할 수 있다. 이념적 측면에서는 사회주의 그리고 케인즈주의와 대결했고, 경제이론적 측면에서는 인플레이션의 문제점을 고발하는데 자신의 한평생을 바쳤던 인물이 바로 하이에크이다. 그가 유독 강조했던 것은 시장의 자생적 질서와 경제활동의 자유였는데, 이들은 '물가안정'의 환경에서 비로소 의미를 갖는다. 하이에크가 인플레이션과의 싸움에 전념했던 것은 젊은 시절의 개인적 경험과도 관련이 있다. 그가 경제학을 공부하던 당시 오스트리아에는 격심한 인플레이션이 발생했다. 이 와중에 하이에크는 처음에는 500크로네의 월급을 받았지만, 아홉 달 후에는 1백만 크로네로 월급이 뛰어올랐다. 하이에크 일가를 포함한 비엔나의 중산층들은 초인플레이션 hyperinflation 으로 재산이 휴지조각이 되는 끔찍한 경험을 해야 했다. 그가 이후 인플레이션에 대항하는 투사로 살아가는 데는 이러한 개인적 경험도 한몫을 했다고 보아야 한다. 대공황 속에서 디플레이션이 문제가 된 1930년대에도 하이에크는 홀로 외롭게 인플레이션의 위험을 경고했다.

그렇다면, 하이에크가 지적한 인플레이션의 문제점은 무엇일까? 우선, 인플레이션은 하이에크가 무엇보다도 중요하게 생각하는 가격 기구의 원활한 작동 및 효율적인 자원배분을 방해한다. 물가가 안정되어 있는 상황에서는 개별 재화 가격의 변동은 사회적 선호나 기술 조건의 변화를 반영하는 것이며, 가계와 기업은 이러한 상대가격의 변동에 능동적으로 대응함으로써 보다 효율적인 자원 배분이 가능하게 된다. 가령, 물가가 안정되어 있는 상황에서 게임기의 가격이 상승한다면 이는 게임기에 대한 사회적 선호가 증대되고 있다는 신호가 된다. 이러한 신호에 따라 젊은이들 중에는 자신의 직업을 해당 분야 쪽으로 정하는 사람들이 늘어날 것이고, 기존 사업체들 중에서도 이러한 분야로 업종을 전환하는 기업이 생길 것이다. 이처럼 새로운 자원과 인력이 게임 분야로 재배분됨에 따라 공급량이 늘어나고 결국 올라갔던 가격은 다시 떨어진다. 이게 바로 효율적인 자원 배분의 전형적인 예라고 할 수 있다. 그러나 인플레이션이 격심한 상황에서 게임기 가격이 상승할 경우에는 얘기가 달라진다. 사람들은 이때의 가격 상승이 게임에 대한 사회적 선호가 증가한 결과인지 아니면 물가수준이 상승한 결과인지를 구분하는 데 어려움을 겪게 된다. 만약 사회적 선호가 증가한 것인데, 사람들이 이를 단순한 인플레이션의 반영이라고 잘못 받아들이게 되면 해당 분야로의 자원 배분은 발생하지 않을 것이며, 따라서 보다 나은 자원 배분도 이루어지지 못하게 된다. 반대로, 사실은 인플레이션으로 인해 가격이 상승하는 것을 게임에 대한 사회적 선호의 증가로 이해한다면, 게임관련 분야로 지나치게 많은 자원이 몰리게 되는데, 이 또한 결코 바람직하지 않은 상황이다. 인플레이션으로 물가가 불안한 상황에서는 가격기구가 경쟁 과정을 제대로 통제할 수 없고, 시장경제의 핵심동력이라고 할 수 있는 성과경쟁도 불가능한 것이다.

둘째, 하이에크는 인플레이션이 장기적 의사결정의 안정적 기초도 훼손한다는 점에 주목한다. 사람들의 경제적 의사 결정 중에는 현재는 물론 앞으로의 먼 미래에까지 연결되는 것들이 많이 있다. 기업가의 투자 결정이나 가계의 자산보유 등이 여기에 속한다. 물가가 불안한 상황에서는 미래의 불확실성이 심화되기 때문에 이러한 의사 결정을 행하는 데 어려움을 겪게 되며, 결국 투자나 금융자산 보유와 같은 경제활동이 위축될 수밖에 없다. 대규모의 인플레이션은 단순히 경제활동을 위축시키는 것에서 한 걸음 더 나아가 엄청난 정치 불안을 야기하는 가운데 정권을 붕괴시키기도 한다. 1930년대 독일에서 히틀러 나치 정권이 출현했던 이면에는 제1차 세계대전 이후 독일 바이마르 정권에서 발생한 초인플레이션의 탓도 컸다.

셋째, 인플레이션은 자산 및 소득의 불필요한 재분배를 발생시킨다. 인플레이션이 발생하면 비화폐자산의 경우에는 명목가치가 같이 상승하여 실질가치가 불변으로 유지될 수 있다. 그러나 화폐자산의 경우에는 명목가치가 고정되어 있기 때문에 그 실질가치는 하락한다. 그 결과 인플레이션이 발생하게 되면, 화폐자산 보유자로부터 비화폐자산 보유자에게로, 채권자로부터 채무자에게로 부^{wealth}가 이전된다. 그리고 화폐소득이 고정되어 있는 봉급생활자에게도 불리한 방향으로 소득의 재분배를 발생시킨다. 일반적으로 물가 상승으로부터 이득을 보는 집단에는 가격 및 임금에 물가상승분을 전가하는 것이 가능한 기업과 노동자 그리고 정부를 들 수 있다. 반면, 금융자본과 이자소득자 등은 인플레이션으로부터 큰 손해를 보게 된다. 중앙은행이 인플레이션을 최우선적 퇴치 대상으로 설정하고, 금융시장의 인플레이션에 특히 민감하게 반응하는 것 역시 이런 이유라고 볼 수 있다. 인플레이션이 만연하면 화폐자산을 보유하는 것이 불리하게 되므로 사람들은 저축을 꺼리고 대신 투기적 활동에 매달리게 되어 장기적인 경제 성장을 가로막게 된다.

하이에크는 독일의 질서 자유주의를 이끈 발터 오이켄^{Walter Eucken}과 함께, 물가안정이란 개인들이 스스로의 결정에 대해 기꺼이 책임을 질 수 있는 자유사회의 핵심 전제조건임을 줄기차게 강조했다. 이러한 시각에서 보자면, 물가안정은 단순한 경제적 효율을 뛰어넘어 사회정의의 차원까지 포괄하는 개념이 된다. 인플레이션으로 인해 평생 땀 흘려 모은 재산을 하루 아침에 잃는 것은 비효율적일 뿐 아니라 비윤리적이다. 이와 관련하여 하이에크는 물가안정, 곧 화폐가치의 안정이 '입헌적 질서^{constitutional order}'를 세우는 것과 동등하다고 주장하면서 이를 수호한다는 고유 임무를 맡고 있는 중앙은행은 마치 헌법재판소와도 같은 존재라고 역설한다.

하이에크는 통화가치의 안정이 통화 정책의 가장 중요한 목표이고, 통화량이 큰 폭으로 변동하지 않도록 노력하는 것이 통화 정책의 주요한 임무이며, 통화당국을 정치적 압력으로부터 해방시켜야 한다고 믿었다. 그러나 만년의 하이에크는 중앙은행의 통화 공급 독점 그 자체에 대해 반대를 하고 대신 경쟁적 복수통화제도를 제안한다. 이것은 민간의 금융기관들에게 독자적인 통화를 발행토록 해 서로 경쟁시키는 자유발행제도라고 할 수 있다. 인플레이션을 진정으로 억제하려면, 특정 이익집단을 위해 신용확대나 인플레이션 정책을 쓸 수 없도록 정부의 배타적인 통화발행 독점권을 빼앗아 통화를 탈국유화할 필요가 있다는 것이다. 이러한 생각은 그의 자생적 질서관과도 통한다. 법·언어·도덕 등과 마찬가지로 화폐도 사회의 진화 과정 속에서 자생적으로 발생한 것이므로 굳이 정부가 법적 구속력을 행사할 필요가 없다고 보았다. 이때 다수가 화폐를 발행할 경우 부작용이 우려되지만, 이는 경제의 자연선택 과정을 통해 예방할 수 있다. 경쟁적으로 화폐가 발행되면 그 중에서 불편하고 가치 없다고 인정되는 화폐는 사람들의 자연선택에 의해 사라지고 통화가치가 우월한 통화만이 살아남을 것이기 때문이다. 그러나 하이에크의 이러한 급진적인 생각은 많은 이들의 공감을 얻지는 못했다.

실업과 디플레이션이 더 문제라고 본 케인즈

그렇다면 인플레이션에 대한 케인즈의 입장은 무엇이었을까? 그는 인플레이션에 의한 물가불안, 곧 화폐가치의 불안정이 사회와 경제에 부정적 영향을 미칠 것이라는 점에 대해서는 하이에크와 생각이 같았다. 젊은 시절의 케인즈에게 세계적 명성을 가져다 주었던 『평화의 경제적 귀결』을 보면, "자본주의 제도를 파괴하는 최상의 방책이 통화를 타락시키는 데 있다고 공언한 레닌의 주장은 확실히 옳다. 통화를 타락시키는 것보다 더 확실하게 사회의 존속기반을 전복시키는 수단은 없다"는 발언을 발견할 수 있다. 그리고 독일과의 전쟁 때는 인플레이션을 유발하는 정책을 강력히 반대하고 전쟁공채를 통해 전비를 조달하자는 제안을 해, 논적이었던 하이에크로부터 열광적인 찬사를 이끌어 내기도 했다.

그러나 케인즈는 모든 인플레이션에 대해 완강히 반대를 한 하이에크와는 달리 유연하고도 실용주의적인 입장을 가지고 있었다. 인플레이션의 문제는 경제가 어떤 상황에 놓여 있는가에 따라 달리 평가되어야 하며, 인플레이션도 해롭지만 실업은 더 큰 해악이라는 것이 그의 일관된 지론이었다. 경기가 나쁘고 실업이 만연한 상황이라면 경기부양책을 과감히 사용해 고용을 늘리는 정책을 펴야 한다는 것이다. 비록 이 과정에서 인플레이션이 발생하고 그로 인해 소득과 부의 재분배 과정에서 다소간 경제의 혼란이 초래된다 하더라도 말이다. 케인즈에게는 '고용 안정'이 먼저였고 '물가 안정'이 그 다음이었다. 정부는 일할 의사가 있는 사람에게는 일자리를 제공해야 할 의무가 있고, 통화 정책과 재정 정책이라는 수단을 통해 이러한 의무를 이행할 능력도 가지고 있다는 것이 그의 생각이었다. 또한 물가안정과 관련해서도 인플레이션보다는 디플레이션의 해악을 더 강조했다. 국민경제의 안정적 성장에는 금융보다는 실물이 더 중요하다고 보았기 때문이다.

디플레이션은 금리생활자와 채권보유자 쪽으로 부를 재분배한다. 인플레이션과는 반대로, 상인·제조업자·농부 등 모든 차입자로부터 대부자에게로, 기업가와 같이 활동적 계급으로부터 금리생활자 등 비활동적 계급으로 부를 이전시킨다. 이처럼 사업과 사회의 안정성을 훼손시키는 쪽으로 부를 재분배한다는 점에서 디플레이션은 항상 유해한 영향을 미친다.

(설득논집 197)

케인즈가 특히 문제 삼았던 것은 기업가의 디플레이션 기대심리였다.

기업가가 어떤 이유로든 물가가 하락할 것이라고 기대를 하게 되면 생산과정은 억제되게 마련이며, 반대로 물가가 상승할 것이라고 기대하면 생산과정은 지나치게 과열된다.

(설득논집 84)

현대의 사업 메커니즘은 화폐가치의 하락(=인플레이션)보다는 화폐가치의 상승(=디플레이션)에 대해 적응성을 결여하고 있다.

(설득논집 198)

그린스펀의 스승, 하이에크를 증오하다

 인플레이션과 가장 전투적으로 싸웠던 대표적인 이론가는 누가 뭐라고 해도 하이에크였다. 한편 인플레이션과의 현실적 싸움을 최전선에서 주도하는 것은 중앙은행이다. 지난 백여 년간 전세계의 중앙은행 수장 중 가장 존경을 받는 사람으로는 얼마 전 퇴임한 앨런 그린스펀 미 연방준비제도이사회 의장이 있다. 그는 그 어떤 중앙은행 수장보다도 인플레이션 및 금융위기와의 싸움에서 탁월한 역량을 발휘한 사람이었다. 한 사람은 책상 위의 이론가이고, 또 다른 한 사람은 전쟁터 속의 장수였다는 차이는 있지만, 이 둘은 인플레이션과의 싸움에 일생을 바쳤다는 점에서 같은 길을 걸은 사람들이다. 또한 이들은 자유시장과 경제적 자유를 신념으로 가지고 있었다는 공통점도 가지고 있다. 특히 그린스펀은 1930년대 이래 완전고용을 가장 중요한 가치로 삼던 연방준비제도이사회의 전통을 최종적으로 해체하고 통화가치와 금융안정을 추구하는 새로운 중앙은행을 구현한 인물로도 유명하다. 그리고 자본가와 지식인의 파업을 그린 소설 『아틀라스』를 통해 '자유시장 자본주의'와 '공격적인 개인주의'를 열정적으로 옹호한 철학자이자 소설가인 아인 랜드(Ayn Rand)의 사상을 현실로 옮기려던 실천가로 주목을 받기도 했다

 철학과 사상에도 관심이 많았던 그린스펀이 비슷한 가치관과 관심사를 공유한 하이에크와 개인적 친분을 맺지 않았던 것은 작은 수수께끼라고 할 수 있다. 하이에크가 중앙은행의 존재이유 자체를 부정했던 탓도 있겠지만, 어쩌면 두 사람 사이에 아인 랜드가 있었기 때문일지도 모른다. 스스로를 자유주의자로 규정

한 많은 사람들은 노벨상 수상 이후 자유주의 진영의 우상이 된 하이에크에 아낌없는 찬사를 보냈는데, 유일한 예외가 바로 앨런 그린스펀의 스승이었던 아인 랜드였다. "우리의 가장 해로운 적이 바로 하이에크입니다. 그는 정말로 치명적인 독소라고 할 수 있습니다. 하이에크는 우리보다는 공산주의자에게 더 도움이 되는 사람입니다." 아인 랜드는 하이에크에 비해 훨씬 더 공격적인 보수주의자였다. 하이에크가 최소한의 평등, 특히 기회의 평등을 강조했다면, 아인 랜드는 모든 형태의 평등주의^{egalitarianism}에 맞서, 뛰어난 이성적 능력과 고결한 자아를 지닌 기업가와 엔지니어가 열등하고 나태한 사람들의 간섭으로부터 벗어나 마음껏 능력을 발휘하는 세상을 꿈꾸었던 것이다.

이슈 3

우리 사회의 '작은 정부'론을 다시 생각한다!

최근 정부의 규모를 보다 줄이고 시장의 역할을 확대해야 한다는 목소리가 커지고 있다. 정부의 불필요한 개입은 시장경제의 위축과 경제의 비효율을 필연적으로 초래한다는 것이다. 이들 중에는 최근 한국경제가 성장엔진의 동력을 잃고 있는데, 이것이 큰 정부를 지향한 것과 무관하지 않다는 주장을 펼치는 사람들도 있다. 이 입장에서 보면 반드시 정부가 해야 하는 일 이외의 일들까지 정부가 떠안는 한 정부는 계속해서 일을 만들어낼 수밖에 없고, 이런 상황에서 정부가 하는 일은 가치창조에 기여하는 일이라기보다는 일 자체를 위한 일인 경우가 많다. 또한 기구가 있고 사람이 있다 보면 그들의 존재 이유를 입증하기 위해서라도 민간의 활동에 대한 정부의 쓸데없는 개입이 계속 늘어나게 된다는 것이다.

그러나 시장이 정상적으로 작동하려면 정부가 거래의 규칙을 정하고 이를 엄격하게 집행하는 '심판'의 역할을 제대로 수행할 수 있어야 하며, 사적 수익성의 원리에 의해서는 제공이 되지 않는 다양한 '가치재'들을 제공할 수 있어야 한다. "정부란 전지전능한 공공이익의 수호자가 아니라 그 자체 정보 부족 상태에 놓여 있는 이기적인 개인들의 집합체"라는 하이에크류의 주장을 받아들인다 하더라도 이것이 곧바로 정부의 규모를 축소해야만 한다는 주장을 정당화하지는 못한다. 정부의 활동에 관한 각종 정보를 투명하게 공개한 가운데 시민사회가 정부의 의사결정과정 및 집행과정에 적극적으로 참여함으로써 정부의 사유화나 비효율을 최소화하는 것도 가능하기 때문이다. 본의 아니게 '큰 정부'의 주창자로 알려진 케인즈도 일찍이 정부가 재화와 서비스를 제공할 때는 재원과 비용을 포함한 전 과정을 납세자들에게 투명하게 드러낼 수 있어야 한다고 주장한 바 있다. 정확한 회계를 유지하고 효율을 측정해 국민들로 하여금 그들이 이용하는 서비스의 비용을 정확하게 인식하도록 하는 것이 무엇보다 중요하기 때문이다. 최근 들어서는 정부가 주인인 국민의 이익을 높이는 방향으로 행동할 수 있게끔 다양한 인센티브 시스템을 정부 내부 및 주변에 설계해야 한다는 제안들이 눈에 띈다.

이러한 점을 전제로 할 때, 최근 우리 사회에서 제기되고 있는 작은 정부론에는 적지 않은 문제가 있어 보인다. 첫째, 정부의 어떤 기능을 축소할 것인가와 관련한 혼란이 있다. 작은 정부론이 정부가 가지고 있는 규제·감독·인허가권 중 시대의 변화에 따라 불필요한 부분을 줄이자거나 정부의 권위주의적 요소를 청산하자는 주장이라면 이는 경청할 만한 가치가 있다. 그러나 일각에서 제기되고 있는 작은 정부론은 국민들의 기본적인 삶과 복지를 위한 행정 서비스나 사회적 서비스를 제공하는 공공부문의 축소를 겨냥하고 있다는 점에서 동의하기 어렵다.

둘째, 작은 정부론이 제기된 맥락이 서방 선진국과 한국은 다르다. 선진국의 경우 작은 정부론은 정부 주도의 복지가 정부적자를 늘리고 근로 의욕을 떨어뜨렸다는 소위 '복지병'이라는 나름의 현실진단 속에서 출현한 것이지만, 우리 사회는 아직까지 복지병이 아니라 '복지부실'이 문제인 단계에 놓여 있다. 우리나라의 통합재정지출 중 복지지출 비중은 OECD 평균(55.4%)의 절반 수준(26.7%)이며, 전체 GDP 대비 복지지출 비중도 2005년 기준 8.6퍼센트로 멕시코의 11.8퍼센트(2001년 기준)에도 못 미치는 실정이다. 특히 복지지출의 비중이 크게 늘어서 재정적자가 심각해지고 있다는 주장은 현실에 비추어 타당하지 않다. 한국의 경우 국가채무는 GDP의 33.4퍼센트 수준으로, 미국(55.4%), 일본(176.2%) 등 주요국은 물론 OECD 평균(76.9%)에 비해서도 현저히 낮은 수준을 유지하고 있으며, 전체 재정대비 복지재정의 비율도 25.2퍼센트로, 스웨덴(54.1%), 미국(57.2%)은 물론 OECD 평균(54.7%)에 비해서도 낮은 형편이다. 지속가능한 복지수준이 어느 정도냐에 대해선 논란이 있을 수 있지만 적어도 현 수준은 아니라고 할 수 있다. 요컨대 우리는 아직도 복지에 관한 한 '비만'이 아니라 '영양실조'를 걱정해야 할 상황에 처해 있는 것이다. 인구 대비 공무원 비율을 보더라도 우리는 '너무 많은 공무원', '지나치게 큰 정부'를 걱정할 때는 아니다. 인구 대비 공무원 비율을 보면 한국은 2.8퍼센트로, 일본(3.5%), 독일(5.5%)은 물론 미국(7.0%)에 비해서도 크게 낮은 실정이다.

국내총생산(GDP)에서 정부 재정이 차지하는 비중 또한 미국의 36.4퍼센트, 일본의 37.5퍼센트에 비해 우리는 28.1퍼센트에 불과하므로, 어떤 기준을 보더라도 작은 정부로의 수술이 필요한 상황이라고 볼 수는 없다.

셋째, 공무원 숫자의 단순한 증감을 가지고 작은 정부와 큰 정부를 판가름하는 것은 의미가 없다. 최근 우리 사회에서 작은 정부론이 소리를 높이게 된 계기는 2003년 이후 공무원 수가 3만 명이나 늘어난 것과 관계가 깊다. 그러나 중요한 것은 숫자가 아니라 내용이다. 증원된 인력의 대부분이 교원, 경찰·교정, 보건환경, 우편사업, 고용안정 등 민생안정 및 대민서비스를 위한 인력이라는 점에 주목할 필요가 있다. 중요한 것은 인력보강의 결과가 행정 서비스의 양적 확대와 질적 향상으로 나타날 수 있도록 하는 것으로, 인위적 기준 아래 정부 규모를 축소하는 게 능사는 아니라는 점이다. 시장에 맡겨서는 제공되지 않지만 사회적으로 반드시 필요한 서비스가 있다면 공무원을 대폭 늘려서라도 해당 서비스를 제공해야 하며, 반대로 시대가 바뀌고 환경이 변화함에 따라 자리만 지킨 채 사회적으로 유용한 일을 담당하지 못하게 된 자리는 과감히 없애거나 새로운 업무를 담당할 수 있도록 조직을 재편해야 할 것이다.

넷째, 정부의 외형적 크기는 좋은 정부냐 나쁜 정부냐를 가르는 훌륭한 기준이라고 보기 어려우며 이념에 따라 정부의 크기가 기계적으로 대응되는 것도 아니다. 작은 정부를 지향하는 미국도 최근 테러 위협에 대응해 해당 부서의 역할과 규모를 대폭 늘린 바 있으며, 하이에크의 가르침을 따르는 사람들도 양극화나 고령화와 같은 시대 변화에 대응해 관련 예산을 증액시키기도 한다. 마찬가지로 복지국가와 큰 정부의 이념에 충실했던 프랑스 같은 경우에는 공공부문을 축소하는 개혁을 단행한 예가 있으며, 케인즈 자신 역시 적자재정이 국민경제에 미칠 부작용을 우려하기도 했다. 정부의 양적 규모보다는 정부가 본연의 역할을 얼마나 효과적으로 잘 수행하느냐가 정부를 평가하는 기준이 되어야 한다.

사회복지의 새로운 가능성

선진국의 복지국가는 "요람에서 무덤까지"라는 모토로 잘 알려진 윌리엄 비버리지에 의해 초석이 정립되었다. 특히 1942년에 발표된 '비버리지 보고서'는 사회보험, 포괄적 의료보장, 완전고용정책을 세 축으로 한 오늘날의 복지국가를 세우는 이론적 기초가 되었다. 비버리지는 이 보고서를 만드는 데 케인즈로부터 많은 조언을 얻었다. 케인즈는 특히 사회보장에 필요한 기여금 부담 의무를 전체 국민으로 확대하고 대신 사회보장 수혜 또한 모든 국민에게 제공한다는 이 보고서의 발상을 높게 평가했다.

대공황과 제2차 세계대전 이후 자본주의 시장경제의 안정적 번영을 위해서도 사회복지가 필요하다는 인식이 퍼지면서 선진국들은 본격적으로 복지국가의 모습을 갖추게 된다. 그러나 에스핑 앤더슨$^{Esping-Anderson}$이라는 학자에 따르면, 선진국들은 각국의 고유한 사회적·정치적·문화적 배경에 따라 상이한 방식으로 복지국가를 운영했는데, 일반적으로 보수주의, 자유주의, 사회민주주의 복지체제라는 세 유형으로 구별된다.

우선 대다수 국민들의 복지는 가족이나 시장에 맡기고, 국가는 정상적인 경제생활이 곤란한 최저 빈곤층에게만 생활보조금을 제공하는 '자유주의' 복지체제가 있다. 이 체제에서는 사회복지 혜택을 받으려는 사람은 재산이 없으며 근로능력 또한 갖추지 못했다는 것을 입증해야 하며 사회적 낙오자라는 낙인을 감수해야 한다. 국민들의 복지에 대한 부담은 상대적으로 적으며 복지 혜택 또한 제한적이다. 국가는 최저 수준만을 보장하는 전략을 통해 시장을 소극적으로 활성화하거나 사적 복지제도들에 보조금을 제공함으로써 시장을 적극적으로 활성화하기도 한다. 이 모델에 속하는 나라들로는 미국과 캐나다 그리고 오스트레일리아가 있다.

두 번째로는 '보수주의' 복지체제가 있다. 독일·프랑스·이탈리아 등이 여기에 속하는데, 보수주의적이고 조합주의적 성향이 강한 이들 나라에서는 시장과 근로에 대한 자유주의적 집착이 두드러지지 않는 대신 복지 혜택이 기여금을 납부한 직장인들에게 연금이나 실업수당의 형태로 집중된다. 국가가 시장이나 민간 기업을 대신해 연금이나 실업수당을 제공하기 때문에 민간보험이나 기업의 복지 수준은 미미하다. 이들 체제에서는 교회나 가족의 역할이 중시되기도 한다.

세 번째로는 '사회민주주의' 복지체제가 있다. 스웨덴·핀란드와 같은 북유럽 나라들에서 주로 관찰되는 이들 체제에서는 복지가 모든 국민들의 당연한 권리로 존중되며, 정부는 최저 욕구의 평등이 아니라 최고 수준의 평등을 지향한다. 국가의 복지 혜택을 보조금이나 연금 등 현금 급여에 치중하는 자유주의 체제나 보수주의 체제와는 달리, 이들 나라에서는 양질의 사회복지 서비스를 중산층을 포함한 전체 국민들에게 제공하는 데 주력한다. 특히 교육·의료·노인복지 등이 충실해서 소득이 없는 아동이나 노인들도 사회적 보호를 받을 수 있다. 북구 국가들의 공무원 비율이 유독 높은 것도 이 때문이다. 저소득층에 대한 선별적 복지가 아니라 중산층을 포함한 모든 국민을 대상으로 한 보편적 복지가 연대주의적이고 보편주의적이며, 국가가 직접 서비스를 제공하는 고부담-고급여의 사회민주주의 체제에서는 막대한 재원 마련을 위해 조세수입을 극대화하는 것이 결정적으로 중요하다. 이와 관련해 케인즈가 강조했던 완전고용의 목표가 이들 체제에서 가장 적극적으로 추구된다는 점에 주목할 필요가 있다. 사회민주주의 복지체제는 완전고용을 보장하기 위해 최선을 다하지만, 동시에 이 체제의 지속가능성 자체가 완전고용의 달성에 크게 의존한다. 여성을 포함한 일할 수 있는 국민들의 적극적인 경제활동 참여를 통해 조세수입 또한 극대화될 수 있기 때문이다. 요컨대 이들 복지체제는 복지와 일의 조화라는 특징을 갖는다. 이들 체제는 특히 복지 중 많은 부분이 교육과 평생학습에 대한 투자의 형태로 전체 국민들에게 제공됨으로써 경제성장에도 기여한다는 점에서 성장친화적 복지라는 평가를 받기도 한다.

최근 들어 전세계적으로 복지국가의 축소가 진행되었던 것은 사실이다. 그러나 이것은 대부분 중산층 이상의 국민들로부터 세금을 거둬 최저 빈곤층에게 잔여적 복지를 제공한 미국의 자유주의 체제나 고령화의 심화에 따라 연금재정이 크게 악화된 독일 등 유럽대륙의 보수주의 체제에 고유한 문제라고 볼 수 있다. 부자로부터 세금을 거두어 가난한 사람들에게 최저생계비를 제공해주는 잔여적·선별적 복지체제에서는 소득이 높은 계층의 경우 '반복지적'인 성향을 띠는 것이 어쩌면 당연한 일일지도 모른다. 반면, 보편적 복지를 추구하는 북유럽의 사회민주주의 복지체제에서는 사회복지의 재원 마련에 전체 계층이 참여하고, 그 열매 또한 다양한 사회서비스의 형태로 사회 구성원 전체가 공유하기 때문에 재원 부담에 대한 저항감이 약하다.

우리도 복지를 확대하면 경제성장이 둔화된다는 기계적 이분법에서 벗어나 복지와 경제성장의 선순환을 이루어낸 이들 나라의 경험을 적극적으로 배울 필요가 있다. 복지가 가장 발달된 핀란드나 스웨덴은 케인즈가 중시한 인간다운 '선한 삶'에 가장 가까운 나라일 뿐 아니라 하이에크와 슘페터가 강조한 '기업가정신'이 가장 발달한 나라이기도 하다는 점 또한 놓치지 않아야 한다. 잘 발달된 복지제도는 사람들에게 시장에서 실패하더라도 다시 재기할 수 있는 기회를 제공하므로 기업가 정신의 발현과 혁신을 촉진시키는 자양분이 될 수 있다. 또한 기업이든 노동자든 변화하는 환경에 대응해 능동적으로 구조조정에 나설 수 있으며, 삶의 안정성이 보장된 가운데 평생학습으로 무장한 노동자들은 기업과 사회의 경쟁력을 한층 강화하는 중요한 자산이 된다는 점을 간과해서는 안 될 것이다.

에필로그
Epilogue

1 지식인 지도

2 지식인 연보

3 키워드 찾기

4 깊이 읽기

5 찾아보기

Epilogue1
지식인 지도

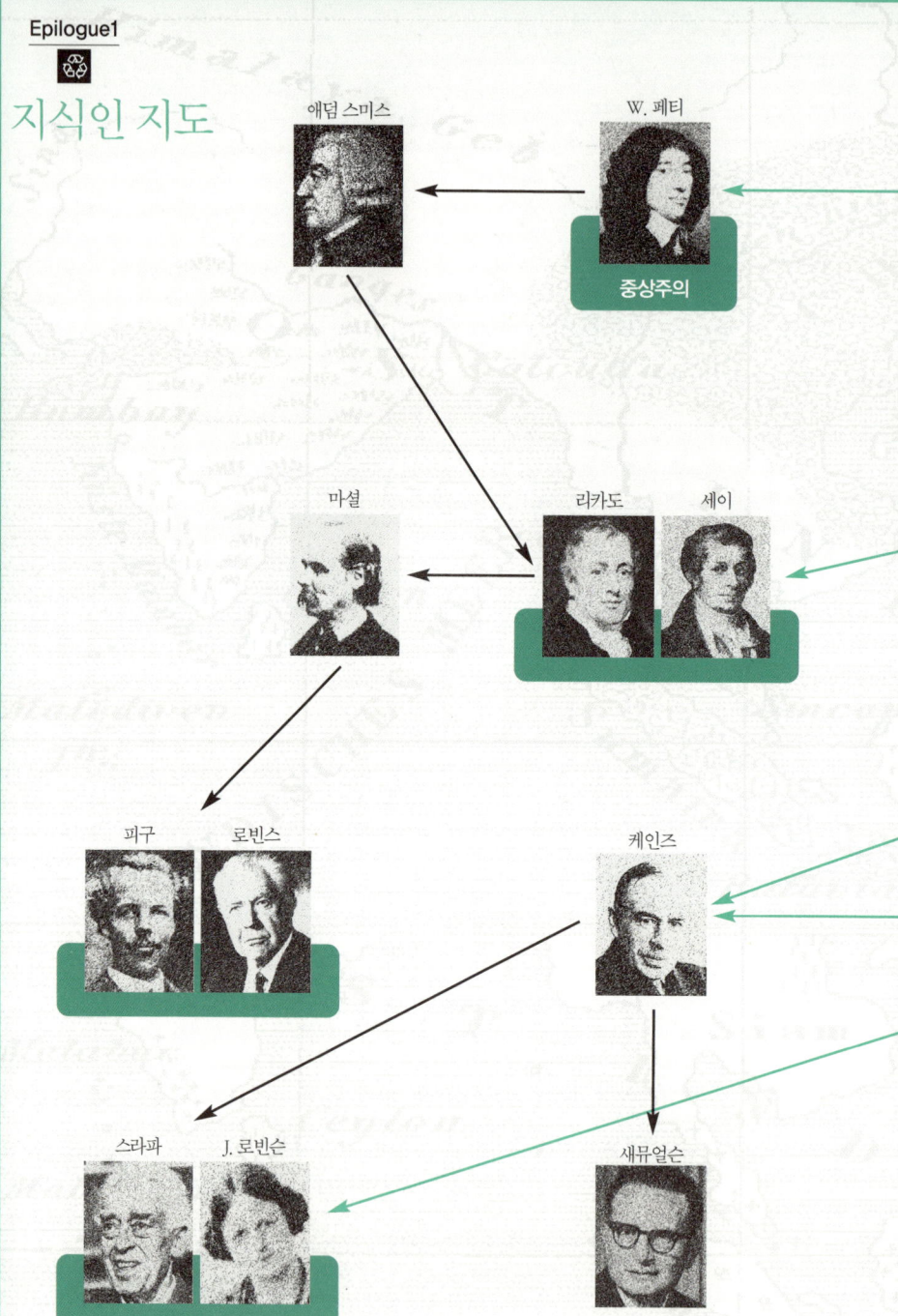

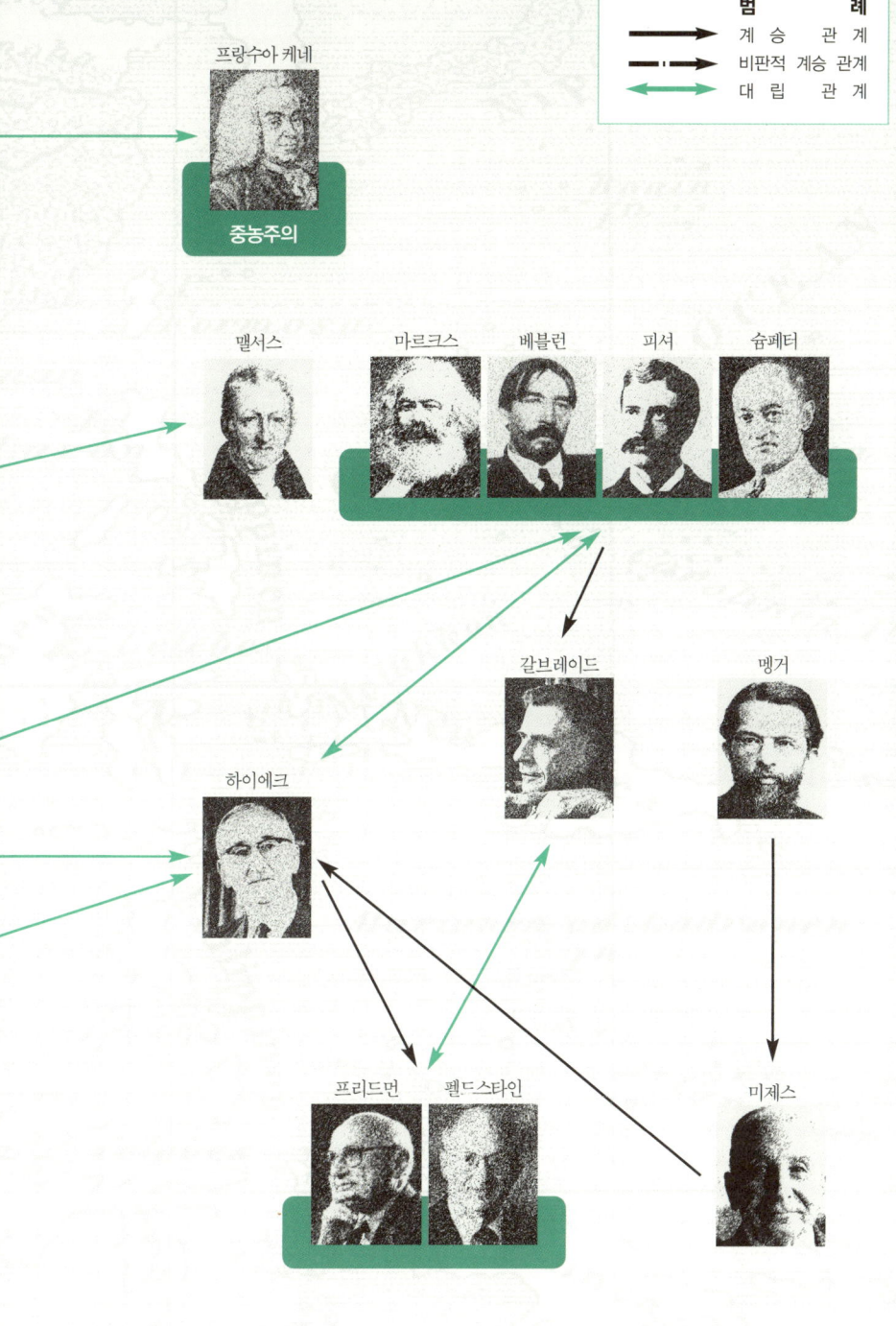

Epilogue 2

지식인 연보

• 케인즈

1883	영국 케임브리지에서 출생
1902	케임브리지 대학교 입학
1905~1908	영국 정부의 인도부(印度部) 및 재무부(財務部)에서 근무
1909	케임브리지 대학교 강사 겸 회계관 역임
1919	베르사유 협정을 비판하는 내용의『평화의 경제적 귀결』출간
1930	『화폐론』출간
1936	『고용, 이자 그리고 화폐에 관한 일반 이론』출간
1944	1차 세계대전 후 파리강화회의에 재무부 수석대표로 파견됨
1946	영국 틸턴에서 사망

• 하이에크

1899	오스트리아 빈에서 출생
1927	오스트리아 경기연구소 소장 취임
1929	빈 대학교 강사 겸임
1931	런던대학교 정경대학(LSE) 교수 역임
1931	『가격과 생산』 출간
1944	『노예의 길』 출간
1950	시카고 대학교 교수
1960	『자유헌정론』 출간
1974	경제변동 연구로 노벨경제학상 수상
1979	필생의 대작 『법, 입법 그리고 자유』 완성
1992	독일 프라이부르크에서 사망

Epilogue 3

키워드 찾기

- **가족**^{family} 개인의 자유가 인정되지 않은 상태에서 사랑을 매개로 결합된 공동체. 헤겔은 전근대적 사회 형태를 가리켜 '가족'이라는 용어를 사용했다. 이와 대립되는 용어로 시민사회와 국가가 있다.

- **공황**^{economic crisis} 경제 순환 과정에서 생산이나 공급의 과잉 또는 부족으로 인해 나타나는 경제 혼란의 현상. 상품의 생산과 소비의 균형이 깨지고 산업이 침체하며 파산이 속출하게 된다.

- **구성의 모순**^{fallacy of composition} 케인즈가 대공황의 원인 중 하나로 '절약의 역설'을 언급하며 널리 알려진 개념. '절약의 역설'이란 개인적으로는 절약을 함으로써 경제적 이익을 얻을 수 있지만 사회 전체적으로는 그렇지 않을 수 있다는 것이다. 가령 개인이 합리적으로 경제활동을 하기 위해 소비를 줄이면 사회적으로는 경기가 하락할 수 있다. 경기의 하락은 생산자인 기업의 이윤을 줄여 심각한 경우 기업이 도산할 수 있다. 기업이 도산하지 않는다 해도 소비의 부족으로 재고가 쌓여가는 만큼 생산을 줄이고 생산비를 줄일 것이므로 고용이 감소한다. 고용이 감소함은 각 가계의 수입이 줄어듦을 의미하므로 각 가계는 더욱 소비를 줄이게 된다. 이렇듯 개별적으로 타당한 이야기가 전체적으로 문제를 일으키는 경우를 '구성의 모순'이라고 한다.

- **기대**^{expectation} 불확실성의 상황에서 선택 및 행동의 기초가 되는 일련의 추측과 추정들을 통칭하는 개념이다. 케인즈와 하이에크, 두 사람 모두의 스승이었던 영국의 경제학자 섀클(Shackle)은 "단편적인 지식만이 제공되며 선택과 행동을 위해서는 이 분절적 지식들 사이의 무수히 많은 빈 공백을 채워야 하는 상황에서, 빈 공간을 채우고 또 불충분하나마 이들 지식의 조각들을 짜 맞추어 통일적인 모자이크를 만들어내는 행위가 바로 기대"라고 한다.

- **마이크로크레디트** microcredit 우리말로는 '무담보 소액대출'이라고 하는 이 제도는 영세민의 자활을 위해 자금과 사업 기회를 제공하는 대출 사업이다. 1976년 그라민은행이라는 마이크로크레디트 전담 은행이 방글라데시에 설립되면서 시작되었으며, 이후 아시아·아프리카의 여러 나라와 미국·프랑스 등 선진국으로 확대·발전되었다. 대출에 따른 이익보다는 금융기관의 이익을 사회에 환원하는 성격이 강하기 때문에 금리 등 대출 조건이 대출자에게 유리하게 설정되어 운용되고 있다. 우리나라에는 그라민은행의 한국 지부로 시티은행이 지원한 10만 달러의 자본금을 투자해 '신나는 조합'이 설립되어 있고, 2004년까지 100여 명의 조합원들이 100만~500만 원씩을 대출받았다.

- **보이지 않는 손** invisible hand 18세기 애덤 스미스가 그의 저서 『국부론』에서 개별 인간 행위의 비의도적 결과로서 유익한 사회질서가 등장한다는 원리를 설명하기 위해 도입한 개념이다. 즉 모든 것을 시장에 맡기면 시장이 가장 효율적인 길을 찾아간다는 의미로, 이윤을 추구하는 수백만 명의 소비자와 생산자가 국가의 간섭 없이 이성적인 결정을 내리는 결과가 바로 '보이지 않는 손'이다.

- **새자유주의** New Liberalism '제한적인 국가개입'을 통해 자유시장의 폐해를 교정해야 한다는 경제이론으로, 토머스 그린, 레너드 홉하우스, 존 홉슨, 케인즈 등이 이 이론을 대표하는 경제학자들이다. 인간의 가능성과 존엄성과 같은 실질적 자유를 수호하기 위해서는 주거권·건강권·노동권 등이 사회와 국가에 의해 보장되어야 한다고 주장했으며, 제2차 세계대전 이후 이 이론을 도입한 미국, 영국 등의 국가는 복지국가의 꽃을 피울 수 있었다.

- **세이의 법칙** Say's law 공급은 스스로 수요를 창조한다(Supply creates its own demand)는 고전학파의 명제로, 프랑스 경제학자 장밥티스트 세이가 주장했다. 경제 전체적으로 판단했을 때 일단 공급이 이루어지면 그만큼의 수요가 자연적으로 생겨나므로, 유효수요 부족에 따른 공급과잉이 발생하지 않음을 의미한다. 이 법칙에 의하면 유효수요 부족이 발생할 수 없으므로 고전학파 경제학자들이 주장하는 공급 중심의 경제 정책을 주장하는 데 있어 중요한 논거가 되었다.

- **스태그플레이션** stagflation 경제불황 속에서 물가 상승이 동시에 발생하는 상태.

- **신자유주의** Neo Liberalism 미국 시카고 대학의 프리드먼 교수를 중심으로 하는 경제학 이론. 국가권력의 시장개입을 비판하며 합리적인 경제활동과 물가 상승의 억제를 위해 시장과 개인의 자유로운 경제활동의 보장이 필요하다고 주장한

다. 제1차 세계대전 이후 미국과 영국 등 선진국가들은 소득 평준화와 완전고용을 위해 정부의 적극적인 시장개입을 인정하는 케인즈의 이론을 도입함으로써 깊은 공황의 수렁에서 벗어날 수 있었다. 하지만 1970년대 이후 스태그플레이션이 장기적으로 이어지자, 케인즈 이론을 도입한 수정자본주의의 실패를 지적하고 경제적 자유방임주의를 주장하면서 본격적으로 대두되었다. 자유시장과 규제 완화, 재산권을 중시하는 신자유주의는 국가권력의 시장개입을 완전히 부정하지는 않지만 이는 오히려 경제의 효율성과 형평성을 악화시킬 뿐이라고 주장한다. 또한 공공복지 제도를 확대하는 것은 정부의 재정을 팽창시키고, 근로의욕을 감퇴시켜 이른바 '복지병'을 야기한다는 주장도 편다.

- **유동성 선호** liquidity preference 화폐에 대한 수요를 지칭하기 위해 케인즈가 사용한 것으로 재산을 화폐의 형태로 보유하려는 욕구를 뜻한다. 재산을 증권 등의 재화로 갖는 것보다 화폐의 형태로 보유하면 언제든지 다른 재화나 서비스와 교환이 가능하다. 즉 돈이 다른 물건과 교환하기 쉬운 성질은 물이 흐르는 것과 같이 유동적인 것이라는 데서 유동성이라 한다.

- **이해당사자 자본주의** stakeholder capitalism 포용과 관용 그리고 신뢰의 덕목으로 이윤추구 원리를 보완하려는 시장경제 패러다임이다. 주주의 이익 극대화에 가장 큰 가치를 부여하는 주주 자본주의(shareholder capitalism)를 한 단계 뛰어넘어 노동조합, 시민조직, 지역사회 등 다양한 이해당사자의 자율적 참여와 합의를 중시하는 경제체제라고 할 수 있다.

- **인플레이션** inflation 물가가 전반적, 지속적으로 상승하며 화폐의 가치가 하락하는 경제현상.

- **자본의 한계효율** marginal efficiency of capital 기업가가 자본의 1단위를 증가시키려고 할 때 그 자본에 의해 산출이 예상되는 수익률을 말한다. 자본의 한계효율이 현행 이자율보다 높으면 자본가는 이윤을 얻을 수 있으므로 투자를 하게 된다.

- **자유방임주의** Laissez-faire 국방 및 질서 유지만으로 정부의 역할을 국한하여야 하며, 경제활동에 대해서는 국가가 어떠한 간섭도 해서는 안 된다는 정부관을 말한다. 자유주의에서는 개인의 자율성의 보장을 가장 중요한 근본 원칙으로 삼기 때문에 국가는 한 개인의 자율성이 다른 개인에 의해 침해받는 일이 없도록 보장해야 하고, 국가 자체도 개인의 자율성을 침해하지 않도록 해야 한다고 본다.

- **정통파 경제학** orthodox economics 18세기 후반 애덤 스미스부터 출발해 1870년 무렵까지 영국의 경제사상을 지배한 경제 이론으로 고전학파 이론이라고도 하

며, 주로 경제적 자유를 강조하고 자유방임과 자유경제사상을 역설했다. 애덤 스미스의 『국부론』에서 잉태된 이 이론의 핵심은 정부의 방해나 지원이 없는 상태에서 자유경쟁과 자유무역이 이루어질 때, 즉 사회구성원 각자가 자신의 이익에 따라 행동할 때 한 나라의 경제발전이 이루어질 수 있을 뿐만 아니라 사회 전체적으로도 가장 많은 이익을 얻을 수 있다는 것이다. 고전학파 경제학자들의 이론은 19세기 중반 많은 관심의 대상이 되었으며, 자유무역주의에 절대적인 영향을 미쳤다.

- **창조적 파괴**^{creative destruction} 조지프 슘페터가 기술의 발달에 경제가 얼마나 잘 적응해나가는지를 설명하기 위해 제시했던 개념. 그는 자본주의를 역동적으로 움직일 수 있는 가장 큰 요인이 창조적 혁신에 있다고 주창했으며, 특히 경제발전 과정에서 기업가의 창조적 파괴 행위를 강조했다. 1912년에 발표한 『경제발전의 이론』에서 슘페터는 이윤이 기업가의 혁신에서 발생되는 것이라고 하였다. 즉, 이윤은 혁신적인 기업가의 '창조적 파괴 행위'로 인한 생산요소의 새로운 결합에서 파생되며, 이윤이란 바로 창조적 파괴 행위를 성공적으로 이끈 기업가의 정당한 노력의 대가라는 것이다. 이후 다른 기업인에 의해 이것이 모방되면서 자연스럽게 이윤이 소멸되고, 새로운 혁신적 기업가의 출현으로 다시 사회적 이윤이 생성된다고 본다. 다시 말해 '기술혁신'으로서 낡은 것을 파괴, 도태시키고 새로운 것을 창조하고 변혁을 일으키는 '창조적 파괴' 과정이 기업경제의 원동력임을 의미한다.

- **카탈락시**^{catallaxy} 개인 혹은 가정경제와 같이 단일한 목적체계를 조직 내에서의 자원배분 문제를 의미하는 이코노미(Economy)와 구별하여 서로 다른 가치체계를 가진 개인들이 서로에게 필요한 물건과 서비스들을 주고받는 자율적인 시장경제를 하이에크는 카탈락시라고 불렀다.

- **투자의 사회화**^{socialization of investment} 대공황과 같은 심각한 실업의 문제에 직면했을 때, 정부가 나서서 대규모의 공공투자사업을 벌임으로써 부족한 유효수효 문제를 해결해야 한다는 이론.

- **페이비언 사회주의**^{Fabianism} 1884년 영국 런던에서 결성된 영국의 사회주의 단체로, 사회주의 실현을 위해서 '끈질기게 시기가 도래할 것을 기다리고, 때가 오면 과감히 돌진한다'는 것을 모토로 점진적인 사회주의를 추구했다.

- **포드주의**^{Fordism} 생산의 표준화와 이동조립법(moving assembly line)을 바탕으로 1903년에 설립된 포드 자동차 회사에서 H. 포드에 의해 실시된 대량생산 시스템. 대량생산 시스템의 원리를 실현하기 위해 제품의 개선 연구를 추진, 최

선의 제품을 표준화하였는데, 그 결과 생산을 T형 자동차로 한정하였다. 그로써 원가절감에 성공하여 기록적인 매출의 성장률을 달성하였다. 다시 부품의 규격을 통일함으로써 부품의 집중생산을 가능하게 하여 부품생산에서도 대량생산의 경제를 실현하였다. 또 하나의 요소인 이동조립법은 '일에 사람을 가져가는' 대신 '사람에게로 일을 가져가는' 포드의 착상을 실현시킨 생산 시스템이다. 구체적으로는 작업공정의 순서대로 배치된 작업자 앞을 재료가 컨베이어에 의해 규칙적으로 통과하며, 각 작업자는 고정된 장소에서 일정한 리듬을 타고 작업에 임하는 생산 시스템이다. 컨베이어라는 이동조립장치가 사용되는 데서 '컨베이어 시스템(conveyor system)'으로도 불린다. 그러나 기계가 인간의 작업을 좌우하며, 단순노동을 증가시켜 인간을 기계의 일부로 만들었다는 비난의 소리도 있었는데, 이는 과학기술의 진보와 함께 나타난 사회적 문제로 볼 수 있다.

Epilogue 4

깊이 읽기

- 조순 저, 『J. M. 케인즈』 – 유풍출판사, 1982년

국내의 대표적인 케인즈주의자인 조순 교수가 오랜 기간 동안의 케인즈 연구를 바탕으로 그의 생애의 경제이론을 상세하게 정리한 책이다. 케인즈의 주요 저작들을 충실히 요약해주고 있어 케인즈의 원전을 읽을 여유는 없지만 그의 학문적 논의를 자세히 알아보려는 독자들에게 특히 유용한 책이다. 책의 곳곳에서 케인즈에 대한 저자의 존경과 애정을 엿볼 수 있다.

- 박만섭 편, 『케인즈의 경제학』 – 다산출판사, 2002년

국내에서 최초로 발간된 케인즈에 대한 본격적인 연구서이다. 케인즈에 관심을 갖고 있는 소장 학자들이 『일반이론』의 중요 논점들을 나누어 검토하고 있다. 케인즈의 경제이론에 대한 최근의 전세계적 연구 성과들을 적극적으로 반영했으며, 불확실성 등 그동안 전통적인 견해에서 다소 무시되었던 특징들을 주목한다.

- 로버트 스키델스키 저, 이상훈 역 『케인스』 – 시공사, 2000년

케인즈의 일생을 다룬 대표적인 전기로는 로버트 스키델스키의 3부작이 있다. 시공사에서 출판된 이 책은 3부작의 축약판이라고 할 수 있어, 최고의 권위를 갖는 전기 작가의 시선을 통해 케인즈의 생애와 시대적 역할을 압축적으로 확인할 수 있다.

• 박우희 저 『F. A. 하이에크: 케인즈 비판과 신자유주의 사상의 전개』 - 유풍출판사, 1982년

우리나라에 하이에크 열풍이 본격적으로 불지 않았던 1980년대 초 하이에크의 생애와 사상 그리고 이론을 본격적으로 소개한 대표적인 책이다. 조순 교수의 책과 마찬가지로 주요 저작들을 충실히 요약해주고 있어, 하이에크의 학문적 논의에 관심을 가진 독자들에게 유용한 입문서라고 할 수 있다.

• 민경국 저 『하이에크, 자유의 길: 하이에크 자유주의 사상연구』 - 한울, 2007년

국내의 대표적인 하이에크 연구자인 저자가 오랜 기간에 걸친 연구를 토대로 하이에크의 자유주의 사상을 재구성한 책이다. 이 책에는 하이에크의 사상을 자양분으로 우리 사회를 바꾸려는 저자의 강렬한 열망이 배어 있다.

찾아보기

ㄱ

가이스트크라이스 Geistkreis p38-40
『감각 질서』 The Sensory Order p144
『대전환』 The Great Transformation p106, 107
『경기순환론』 Business Cycles p85
경쟁의 정의 justice of competition p81
『경제발전의 이론』 Theorie der wirtschaftlichen Entwicklung p85
『고용, 이자 그리고 화폐에 관한 일반 이론』 The General Theory of Employment, Interest and Money p61, 64, 68, 101, 104, 112, 113, 119, 128, 129, 164, 171-175, 178, 181
공리주의 p31, 76, 77
공황 economic crisis p27, 28, 34, 49, 50-56, 58, 59, 61-66, 69, 117, 128, 131, 149, 163
과잉생산 p27, 54, 55, 62
구성의 모순 fallacy of composition p66, 67
『국부론』 An Inquiry into the Nature and Causes of the Wealth of Nations p70, 72, 73, 142
국제통화기금 IMF p153
그린, 토머스 Green, Thomas H. p99
금리 p55, 57, 58, 63, 64, 65, 67

ㄴ

『노예의 길』 The Road to Serfdom p38, 46, 84, 108, 110, 113, 118, 120, 132, 133, 144
노직, 로버트 Nozick, Robert p182

ㄷ

대공황 Great Depression p34, 49, 50-53, 56, 59, 61, 64, 65, 69, 117, 128, 131, 149
대처, 마거릿 Thatcher, Margaret Hilda p46

ㄹ

랑게, 오스카르 Lange, Oscar p74
러너, 아바 Lerner, Abba p171
러셀, 버트런드 Russell, Bertrand p30, 179
로빈스, 라이어넬 Robbins, Lionel p44, 46, 69, 169
롤스, 존 Rawls, John p76
루소, 장자크 Rousseau, Jean-Jacques p76
리카도, 데이비드 Ricardo, David p56

ㅁ

마르크스, 카를 Marx, Karl p26-30, 36, 52, 54, 58, 91, 96, 97, 105, 177
만하임, 카를 Manheim, Karl p45
매카시, 데즈먼드 MacCarthy, Desmond p30
맬서스, 토머스 Malthus, Thomas p35, 54
멩거, 카를 Menger, Carl p41, 78, 178, 180
몽펠르랭 소사이어티 Mont Pelerin Society p47, 48
무어, 조지 Moore, George E. p30, 31, 120
미제스, 루트비히 폰 Mises, Ludwig von p42-44, 46, 74, 78, 178

ㅂ

『법, 입법 그리고 자유』 Law, Legislation and Liberty p123, 124, 133, 136, 138, 139
베블런, 소스타인 Veblen, Thorstein p84, 177
벤담, 제러미 Bentham, Jeremy p31, 76
보이지 않는 손 invisible hand p70, 72, 73, 90, 105
블룸즈버리 그룹 Bloomsberry group p30, 32, 33, 119, 120
비트겐슈타인, 루트비히 Wittgenstein, Ludwig p38

ㅅ

사회계약론 p76, 77
사회적 분업 social division of labor p70, 71
새뮤얼슨, 폴 Samuelson, Paul p173
새자유주의 New Liberalism p128, 129
생산수단 p38, 46, 96, 111
섀클, 조지 L.S. Shackle, George p63, 171
구성주의 constructivism p46, 47, 84, 133, 141
세이, 장밥티스트 Say, Jean-Baptiste p55
세이의 법칙 Say's law p54, 55, 61
수요 p54-57, 62-67, 74, 101, 105, 128, 149, 154, 160, 189
슘페터, 조지프 Schumpeter, Joseph p56, 58, 59, 61, 84-88
스미스, 애덤 Smith, Adam p56, 70, 72, 73
스키델스키, 로버트 Skidelsky, Robert p120, 168, 177
스태그플레이션 p152, 153, 156
스트레이치, 리턴 Strachey, Lytton p30
시스몽디, 장 드 Sismondi, Jean de p54

ㅇ

유동성 선호 liquidity preference p63, 67
유효수요 effective demand p62, 65, 67, 130, 150, 163
이윤율 p27, 149, 150, 152

ㅈ

『자본론』 Das Kapital p28
『자본의 순수 이론』 The Pure Theory of Capital p174
자본의 한계효율 Marginal Efficiency of Capital p62
자생적 질서 spontaneous order p47, 74, 78, 87, 105
자유방임주의 lassez-faire p38, 91, 92, 94, 111, 127, 131, 137, 143
자유의지주의 libertarianism p140
『자유헌정론』 The Constitution of Liberty p123, 133, 134, 154
재정정책 fiscal policy p67, 113, 129, 131, 163
『정의론』 A Theory of Justice p76
『정치경제학의 범위와 방법』 The Scope and Method of Political Economy p30

ㅊ

창조적 파괴 constructive destruction p58, 84, 85, 86

ㅋ

카탈락시 게임 game of catallaxy p81, 82
칼도어, 니콜라스 Kaldor, Nicholas p171
케인즈, 존 메이너드 Keynes, John M. p28-37, 46, 49, 53, 54, 56, 58-69, 84-88, 91-104,

71-122, 127-137, 153, 155, 156, 160-163, 168-189
케인즈주의 경제학 Keynesian economics p131, 152
콜드웰, 브루스 Caldwell, Bruce p168, 174

ㅍ

페이비언 사회주의 p28, 29, 34, 41, 42, 44
포드주의 Fordism p130, 149, 150, 156
폴라니, 칼 Polanyi, Karl p46, 91, 105-107
프롤레타리아 혁명 p27
프리드먼, 밀턴 Friedman, Milton p45, 152, 161, 179, 182
피셔, 어빙 Fisher, Irving p53, 64, 176

ㅎ

하이에크, 프리드리히 폰 Hayek, Friedrich von p38-48, 53, 54, 56, 58, 59, 61, 69, 73-87, 89-91, 96-98, 102-107, 108-114, 116-120, 122-126, 132-147, 152-156, 160-162, 168-189
홉슨, 존 앳킨슨 Hobson, John Atkinson p99
홉하우스, 레너드 Hobhous, Leonard p99
황금시대 golden age p130, 131, 149, 150, 165
화이트헤드, 앨프리드 Whitehead, Alfred N. p30

⊙ 이 책의 저자와 김영사는 모든 사진과 자료의 출처 및 저작권을 확인하고 정상적인 절차를 밟아 사용했습니다. 일부 누락된 부분은 이후에 확인 과정을 거쳐 반영하겠습니다.

John M. Keynes

&

Friedrich A. Hayek

인류의 지성사를 이끌어온
100인의 지식인 마을 주민들